Jungen
Eine
Gebrauchsanweisung

男孩为何难养

（德）莱因哈德·温特（Reinhard Winter） 著

王皓洁 译

化学工业出版社
·北京·

Jungen Eine Gebrauchsanweisung by Reinhard Winter
ISBN 978-3-407-85931-0
Copyright © 2014 Beltz Verlag in the publishing group Beltz·Weinheim Basel.Simplified Chinese Edition licensed through Flieder-Verlag GmbH,Germany.All rights reserved.
Authorized translation from the Germany language edition published by Julius Beltz GmbH & Co.KG

本书中文简体字版由Julius Beltz GmbH &Co.KG 授权化学工业出版社独家出版发行。
本版本仅限在中国内地（大陆）销售，不得销往其他国家或地区。未经许可，不得以任何方式复制或抄袭本书的任何部分，违者必究。

北京市版权局著作权合作登记号：01-2020-1809

图书在版编目（CIP）数据

男孩为何难养／（德）莱因哈德·温特著；王皓洁译. —北京：化学工业出版社，2020.3（2025.6重印）
ISBN 978-7-122-36135-6

Ⅰ.①男…Ⅱ.①莱…②王…Ⅲ.①男性－家庭教育Ⅳ.①G78

中国版本图书馆CIP数据核字（2020）第021902号

责任编辑：赵玉欣　王新辉　欧阳智　　　　　　装帧设计：尹琳琳
责任校对：宋　玮

出版发行：化学工业出版社（北京市东城区青年湖南街13号　邮政编码100011）
印　　装：三河市航远印刷有限公司
880mm×1230mm　1/32　印张7　字数148千字　2025年6月北京第1版第12次印刷

购书咨询：010-64518888　　　　　　　　　售后服务：010-64518899
网　　址：http://www.cip.com.cn
凡购买本书，如有缺损质量问题，本社销售中心负责调换。

定　价：49.80元　　　　　　　　　　　　　　　　版权所有　违者必究

序——我和我的儿子

作为一名心理学博士和心理咨询师,我在养育孩子的观念方面持比较自然的教养方式,基本上按心理学研究和儿童心理成长的规律行事,没有做拔苗催熟的操作。

在养育孩子的过程中,我最大的体会是,专业书上说的那些知识基本上都是真实可用的,那些特质、现象会随着孩子的成长渐次展开。在我写这些文字的时候,我的儿子快满12周岁了。他与同龄人相比,算不上早慧。他的成长基本上是按心理规律的"教科书级别"成长的。

他是五月下旬出生的,由于月龄晚,幼儿园、小学,一路走来,在班上的成长成熟一开始常常是比别人慢半拍甚至一拍的。

幼儿园一开始他并不出色,怯怯的,也不太出声,但到了大班,突然赶上来了,最后经过层层"考查",进入了一个很难考的小学学习。

但进了这个小学,他一年级到三年级的成绩,基本"稳定"在班级倒数三名的位置。他读的是双语学校,那里的小朋友很容易得到各种名目繁多的奖项,他居然是极少数一个奖都拿不到的学生,弄得本来还算心平气和的妈妈在家长会现场都有点挂不住。

不过,到了四年级他开始逆袭。五年级上,他居然经过层层选拔,代表学校参加上海国际学校数学比赛,拿了团体第一名;五年级下,临时决定去英国留学，裸考了五所英国不错的学校，被其中的四所录取。结果他自己选了一个他喜欢的学校，被分进了一个全是学霸的优班，11足岁不到就一个人在英国全寄宿学习。面对他从来没学习过的法语、拉丁语、希腊语、科技、宗教、英国地理、英国历史等科目，其中他的大多数同学已经学习了几年，而他完全是张白纸，从零开始。他也很放松，不怵竞争，不慌不忙，一年不到，基本适应良好，还拿到了哈罗公学的录取通知书，并正在争取他更喜欢的另一所学校的入学机会。

这一路走来，作为父母，我们最大的感触是要扛得住"虐"，不要太在意和别人比结果。尤其不要时时刻刻与"隔壁的孩子"比较，让孩子能有他自己成长的节奏。

尤其是男孩子。男孩精力相对女孩旺盛，多数爱动不爱静，进入学习状态相对比女孩困难一点。男孩的社会化也比女孩慢。

等我儿子申请去英国读书，我们才特别注意到英国人的男校，中学入学在13岁，而女校则是11岁就可以了。我儿子现在就读的男校，12岁以下的男生，学校规定不能用智能手机（限制上网），而且手机平时是由老师保管的，每天只有指定的电话时间才能使用。而和他同龄也在英国一所很不错的女校读书的朋友家的女儿，就可以使用智能手机，而且是自己保管。学校的这些做法应该是考虑到男孩和女孩在成长发展过程中的差异，进行了特别的设计。女孩更顺服听话，容易完成社会化，而男孩更懵懂莽撞，相对幼稚晚熟。

台湾著名的心理学教授洪兰在一次TED演讲中很生动地描述了男孩子在小学和女孩子竞争处于不利地位的场景：男孩子和女孩子吵架，女孩子会跑去向老师告状，说得一五一十，老师叫来男生问他情况，男生大多数笨嘴拙舌，说不出个所以然来。搞得许多老师就此认为是男孩子的错给男孩批评甚至处罚。我儿子在小学也常常被女孩子"欺负"：他有个聪明伶俐又漂亮的邻座，却是他唯一搞不好关系的同学，一度搞得双双要到老师那里说不要和对方在一个学习小组学习。他平时待人还是比较宽厚包容的，我问了他很久为什么他会和对方"交恶"，他一开始不肯说，后来有一次终于告诉了我原因：一方面是那个女生比较"霸道"；另一方面，她有一次和他最好的朋友吵架，他说他当然要站在他的好朋友这一边。朋友的"敌人"也是他的"敌人"。这是典型的"直男"思维啊。不过，少年的纯真情谊也着实让我感动了一把。

我儿子的行为在同龄人中属于"偏幼稚"的。记得儿子四年级时，有一次和同学上洗手间，他突发奇想恶作剧，把通马桶的刷子扔到了旁边隔间另一个同学的身上，被学校扣了纪律分。不过，学校和老师并没有给他贴什么道德标签，只是说男孩子不懂事，玩高兴了没分寸。而我们则亡羊补牢，让儿子认识到行为是有边界的，即使是游戏玩闹也得有分寸。

有一阵子我夫人对孩子表现不满，让我去"管管"他。我觉得自己平时工作忙，对孩子的教育之前介入少，没好好帮忙，这种时刻挺身而出是必需的，所以我就冲出去"管教"孩子唱白脸。不多久，儿子和我的关系就弄僵了。发现了这一点，我就去和夫人说："你对他有要求，为什么让我去批评责骂他？"夫人回答说："我要做好妈妈啊……""可是我觉得儿子总体挺好的，我对他挺满意的。我也要做好爸爸呢。所以，以后你感到不满意，你自己管。"做了这样的区分，我越看儿子越满意。平时我会摸着他的头发，心里充满爱意。没多久，我夫人告诉我，有一天儿子对她说："我知道，爸爸是很爱我的。"

父亲角色，在生活中常常是很忙的，但是如果陪伴孩子的品质好，时间长短也不一定是问题。从儿童发展心理学角度来看，四五岁之后，父亲角色在养育中的介入就越来越重要，对男孩女孩都是这样。而对男孩来说，这时有强有力的父亲角色参与养育，给男孩提供榜样学习、模仿学习的机会，这对于男孩学习男性角色行为、建立男性角色意识，都是非常重要的。

当代中国家庭，男主外女主内的家庭分工方式，往往让孩子在成长的过程中父亲角色缺失。如果父母在教育观念上有矛盾或夫妻关系不好，父亲缺失得会更厉害，对孩子的成长会更不利。这种情况必须得以重视。

经常有妈妈来咨询，让我指导男孩的教育方法，推荐书籍。其实爸爸也是需要一起学习的。这次看到化学工业出版社能出版这两本养育男孩的书籍真的很高兴。这两本书专业实用又通俗易懂，非常适合家有男孩的父母共读。如果在学龄前和小学时打下良好的基础，家长们就不需要在青春期面对男生们的巨大力量而试图施加影响去改变他们了。在那个逆反强烈的成长时期展开矫正教育，实在是容易事倍功半甚至无效。

反正我自己教育儿子是靠了按图索骥的专业学习和专业知识。各位读者和家长要不要也试一试呢？

心理学博士
注册心理师 / 督导师
华东师范大学青少年心理健康教育研究与培训中心总监

序——男孩难养

我上高中的时候，和同学及他的小女朋友聊天。突然被他女朋友问起，将来希望自己的孩子是男孩儿还是女孩儿。要是今天，我一定知道那个女生为什么会问这个问题。可惜那时，我还没有女朋友，也没有人问过我这个问题，有点猝不及防。于是就本能地反应说，我想要女儿。她又问我，为什么呢？我说，希望看到一个女孩儿从小长到大的样子。她说，你好温柔啊，一定是个好爸爸。我还记得，那一天的阳光很好。

11年后，我太太怀孕时，种种产前迹象都表明会生个男孩儿，甚至连男孩儿的名字都取好了。结果生出来的却是个女孩儿。我是发自内心欢喜的，因为这应了我11年前的愿。又20年，现在看到女儿长大了，也是满心喜欢，不改初心。只是每每忆起，觉得孩子在不知不觉中好像一下子就长大了，仓促中，还是错过了女儿成长的一些瞬间。为此，向女儿道歉了好几次。女儿很大度，我自己却很内疚。现在走到哪里都絮絮叨叨地跟人家说，多陪陪孩子吧，再不陪孩子就长大了，做父母是有时限的。

不管怎样，这辈子没操过养男孩的心，真是侥幸，因为，斯世，男孩难养。

很多父母老是觉得穷养儿、富养女，女孩儿操心，男孩儿好养，其实，那是老皇历了。

过去，生个儿子，短打扮，穿衣服省布料；上山干活儿下地早，成为父母的好帮手；满山遍野随便撒欢儿，不怕被野猪拱了，还没准儿打点儿野味回来；长大娶了媳妇就可以添丁进口，多了劳力、续了香火；养儿防老，只要有个孝顺儿子，就可以安享晚年。你看，过去生儿子就是好。

可是现在，发令枪响得早，而男孩儿发育比女孩儿要晚上1～2年，心智成熟慢，这一上来就容易输在起跑线上了。到了学校，都是认真听讲、走廊肃静、不许喧哗、禁止打闹的校规校纪，简直就是针对着男孩儿优势来绞杀的，想做个安安静静的美男子又有可能成为"妈宝男"。青春期延长了，睾酮可一点儿都没被稀释掉，就是叛逆，就是作，在男孩身边，到处都能嗅到危险的味道。电子游戏，明摆着就是专门为男孩子量身定制的，团伙儿、攻击性、英雄使命，哪个不是直击男孩心灵之作？好不容易长大了，到了恋爱时，发现劈腿率爆表；到了结婚时，发现离婚率爆高，而婚恋失败自杀的也是男多女少；不婚的、不育的、啃老的，关关都得过。这个时代，就是养男孩操心费力的时代。

最近在疫情中的三个月，我们微笑主义公益心理案例平台讲评督导的案例也有上百个了，凡是涉及亲子关系问题的，七成是儿子，三成是女儿。站在心理咨询师的角度，女儿的事儿，只要父母不硬搞，退一步，不把女儿搞出抑郁症来，基本上就万事大吉了。而儿子的事儿，就完全是两个样子了。游戏成瘾的、偷钱借贷的、居家啃老的、孤独自闭的、离家出走的、施暴父母的，家长那颗心啊，操得稀碎呀。

所以，我觉得，在当今这个时代，养男孩是非常有风险的一件事。而减低风险的路只有一条——学习心理学，尤其是发展心理学、教育心理学，多听听专家建议，多借鉴下相关亲子案例中的经验和教训。

而德国心理学家莱因哈德·温特的《男孩为何难养》和《男孩需要明确的指令》这两本书可以说是当今中国家庭的及时雨。所以，我一拿到样书就通读了一遍，而且在书中用荧光笔做了很多标记以便于重读，并且在微笑主义公益心理案例平台上提前进行了预告，引得好多学员纷纷要求跟我预订这两本书。可惜，我不是卖书的，只是希望学员们能够有机会读到，有机会运用到，就有机会帮到更多的男孩和更多的男孩家庭。要知道，我们公益心理服务的使命就是要帮到4亿个家庭呢。

这两本书最大的特点就是接地气。看完才发现，德国男孩家长的烦恼和中国家长差不多，都是男孩学习成绩比女孩差、攻击性比女孩强、情商不在线、还不听父母话、上网聊天、打游戏、注意力不集中、晚睡晚起还有起床气，唉，看来，到哪里都逃不过时代的影响，这届男孩的家长，够受的。

是不是这批"后浪"自带突变基因啊？其实不是，今天的孩子一定比昨天的孩子优秀多了，只是今天面对的时代不一样了，我们都在适应和调整。孩子第一次做孩子，家长也第一次做父母。别怨孩子出生时没带产品说明书，你造孩子的时候也没拿父母学校的毕业证啊。

孩子在成长，你也得学习，学点能让男孩成长，也能让自己变得更好的东西。心理学研究表明：你盯不盯孩子写作业，对孩子学业成绩影响不大。但是如果你每天在家读书的时间超过30分钟，那将是最影响孩子学习成绩的助推因素。

这两本书就是助推力。比如说《男孩为何难养》中提到了父母养育男孩的10条行动指南：1. 不要轻易给男孩贴标签；2. 先弄清自己对男孩的认识；3. 给男孩足够的陪伴时间；4. 和男孩一起做事情；5. 对男孩和他的兴趣爱好保持兴趣；6. 为男孩提供竞争的擂台；7. 为男孩设立边界并保持联结；8. 充分发现男孩的能力；9. 给男孩布置任务；10. 觉察男孩的主题并支持他。每条都有详解。怎么样？惊喜不惊喜？意外不意外？实用不实用？

当然，养育好男孩的关键不在于心理学的技术，更在于对时代的看见、对男孩儿的看见、对作为男孩儿父母的自己的看见。

还是回到我们的口号吧：见天地，见众生，见自己！看见自己，用心微笑！

贺岭峰
上海体育学院心理学院教授、博导
微笑主义创始人

前言

近 20 年来，社会对男孩的关注不断增强。媒体成功制造出"处于劣势的男孩"这一现象之后，男孩话题的热度又进一步攀升。如今已经出现了一些社会效应：新闻报道不断炒作"问题男孩"，让大家越来越难注意到那些正常、有能力且发展良好的男孩们。在家长那里，这些夸大其词的言论又激发了他们的焦虑。他们担心自己的男孩今后得不到足够的发展机会或者误入歧途，而自己最终不得不为这一切负责。

养育这件事真的很困难。男孩并不是设备或机器，他们无法被启动、使用和关闭。因此，养育过程必然是一种开放式的冒险，是一种尝试。养育是否有效、是否成功，要在很多年后才看得出。

许多父母都不知道应该如何同男孩打交道，不确定自己能否教好他们以及如何教好他们。男孩自己有时也因自己是男孩而感到困扰。他们渴望被指引，渴望弄明白。造成这一结果的原因既不在父母自己身上，也不在孩子身上。男孩的形象和人们对男孩的看法在最近几十年里发生了巨大的变化，这也让父母感到困惑不已。

我们怎么才能帮到男孩们呢？有一点是明确的：把男孩视为问题的观点有百害而无一利。家长、老师和其他养育者同情的眼光不会让他们更幸福，只会让他们更痛苦、更被动。男孩并非难养，恰恰相反，正是"养育男孩很困难"这条假设才会导致问题的出现。其实我们可以更轻松地看待这件事。一般来说，男孩并不会因为他们的性别而变得更加麻烦。刚好相反，男孩是在遇到困难之后才以不恰当的形式表现自己男子气概的。

写这本书的目的，更多地在于帮助父母逐步了解男孩，从而更好地养育他们。本书旨在回答以下问题：**为什么男孩是这样的？男孩还需要什么？男孩想从父母这里得到什么？作为父亲或母亲，我们应该怎么做？**

成功教养男孩其实只需要做好两件事：男孩的需要被理解；教养者知道他们在实际情况下可以做什么、怎么做。一般而言，充分理解常常能帮助我们做正确的事，并且自然而然地做正确的事情。

在本书的前面五章中，您将了解男孩身上隐藏了什么，他是怎么"工作"的，他有哪些性别特征以帮助您理解男孩——为什么男孩是这个样子，为什么您按照"10个诀窍"来处理对他们有好处。这部分帮助您掌握男孩以什么样的形式表现自己的男性特征，预知您一定会遇到的同"男孩"的冲突和挑战。

第六章是实际操作，也就是在养育男孩时需要注意的问题。我们会为您提供具体的处理办法和方案，从而帮助您更好地和男孩打交道、做正确的事。

本书主要针对 0~13 岁的男孩。之后男孩就进入了青春期，这段时期通常代表了分离、距离和关系变化。本书中的大量信息也许能够帮您处理青春期的主题，有些地方我会直接讨论这个话题。但本书主要还是针对青春期之前的阶段。

本书的素材都来源于研究和实践：

我与青少年工作超过20年，积累了丰富的经验：青少年咨询、青少年治疗以及在中小学开设的关于性教育、攻击性教育和社交能力等主题的培训项目。

我也有多年与处理青少年问题的人士工作的经验：我为中小学教师、青少年工作者、咨询师提供咨询，并授予他们资质。在这个群体里，大家集思广益，不仅是我，所有的参与者都能从中获益。

并且，我也不断在家长教育和演讲中接触家长。为了写这本书，我还特别采访了一部分家长：您希望了解男孩什么方面？这本书必须包含哪些主题？其中许多问答都被写进了书里。感谢各位的帮助！

很长时间以来我都对男孩研究感兴趣。所以这本书也包含了我们自己进行的男孩研究结果。

最后，还有我个人生活中对男孩的体验和经历，特别是我自己的孩子和他们的朋友以及我朋友的儿子们。

在这里，我希望向所有帮助我增长经验以及诸多支持我写完本书的人士致以诚挚的谢意。

最后，提醒父母们很重要的一点：不要怕犯错！因为如果你完美无缺，你的儿子想发火时可以找什么事由呢？如果你什么都做到了尽善尽美，他还怎么希望自己以后在什么地方超越你呢？所以，请允许错误的出现。从错误中学习，这才是错误存在的意义。在养育男孩的过程中，尽力而为就好！

莱因哈德·温特

目录

写在前面　养育男孩这三点父母必须知道　001

第一章
如何与男孩建立良好的亲子关系　009

男孩与母亲的关系　/　010
男孩与父亲的关系　/　022
男孩与父亲、母亲的三角关系　/　035
男孩与他人的关系——任务关系　/　047

第二章
如何理解与应对男孩的攻击性　051

男孩的攻击性是否与"睾酮"有关　/　053
男孩的攻击性多与维护地位有关　/　055
如何应对男孩的攻击性　/　058
如果你的孩子被打了怎么办　/　061

第三章
如何培养男孩的共情能力　063

男孩大脑和女孩大脑并无明显差异　/　064
电子游戏为何对男孩有难以抵挡的吸引力　/　066
男孩的共情能力一定比女孩差吗　/　068
男孩如何处理竞争与共情的关系　/　070
如何提升男孩的感受能力　/　071
如何提升男孩的共情能力　/　074

第四章
"男孩样儿"从哪里来　079

什么是"男孩样儿"　/　080
男孩如何学习"男孩样儿"　/　084
父母如何引导　/　087
灵活的平衡男孩模型　/　091

目录

第五章
男孩的学业成绩与在校表现　097

男孩在学校中面临哪些困难 ／ 099
为何集体生活让男孩压力重重 ／ 101
为何男孩们不在意学业成绩 ／ 104

第六章
养育男孩的 10 条指南　109

第 1 条：不要轻易给男孩贴标签 ／ 110
　　对男孩保持好奇心 ／ 112
　　对自己保持觉察 ／ 115
　　给孩子无条件的认可 ／ 116

第 2 条：先弄清自己对男孩的认识 ／ 118
　　描述您心中的"理想男性" ／ 121
　　积极、良好的男性形象与刻板印象无关 ／ 126

第3条：给男孩足够的陪伴时间 / 128
  日常陪伴时间和特别陪伴时间 / 130
  我给孩子的陪伴足够好吗 / 132

第4条：和男孩一起做事情 / 135
  为什么有些男孩缺乏动力 / 136
  和男孩一起做事情的意义 / 138
  及时兑现对男孩的承诺 / 140
  父母与男孩的身体接触 / 142
  如何与男孩交谈 / 144

第5条：对男孩和他的兴趣爱好保持兴趣 / 146
  发现男孩的兴趣 / 147
  对男孩感兴趣的积极意义 / 147
  "盘根问底"是对男孩自主、感受和地位的挑战 / 148

第6条：为男孩提供竞争的擂台 / 152
  竞争能力是男性的基本能力 / 152
  如何避免竞争演变成暴力 / 155
  如何培养男孩的良性竞争能力 / 157
  如何教男孩正确看待输赢 / 159

第7条：为男孩设立边界并保持联结 / 161
  边界对男孩的意义 / 161
  男孩如何体验和学习边界 / 164
  以对男孩有益为出发点设立边界 / 167
  什么情况下设立边界刻不容缓 / 169
  为男孩设立边界的常见误区 / 170
  如何应对男孩的越界行为 / 172

第 8 条：充分发现男孩的能力 / 177

　　男孩为何如此看重自己的能力 / 178
　　避免把男孩的能力与男子气概捆绑 / 179
　　以积极的眼光看待男孩 / 181
　　发现孩子的能力并且积极评价它 / 183

第 9 条：给男孩布置任务 / 185

　　任务对男孩的意义 / 185
　　什么是高质量的任务 / 187
　　如何让男孩更愿意完成任务 / 188
　　重大的人生任务 / 189
　　如何请求男孩的帮助 / 191
　　必要时可以直接下命令 / 197

第 10 条：觉察男孩的主题并支持他 / 198

　　什么是男孩的主题 / 198
　　如何发现男孩的主题并支持他 / 201

后记　　　／ 205

写在前面

养育男孩这三点父母必须知道

想象一下,来自太空的外星人拜访了您。他听说您和男孩住在一起,于是饶有兴趣地问道:"男孩?那是什么?"如果我在同家长或教育者的工作中提这个问题——"男孩到底是什么?",绝大多数情况下,我得到的答案都是:他们如何感受男孩、他们如何看待男孩,比如活跃、勇敢、上蹿下跳、焦虑不安、活力四射或者敏感脆弱、缺乏安全感。也许这些答案能够提示我们,成年人如何看待男孩或者在他们的猜测中男孩是个什么样。因为通常某位母亲或者父亲还会补充道:"可我的儿子完全不同。"所以这些答案还不够,那么,到底什么是男孩呢?

男孩有三个特征,如果它们同时被满足的话,我们就能够把男孩从其他人或事中区分出来。

男孩是人类

首先,他们属于某一特定物种:男孩是人类。这一结论有时直接就把人给逗乐了,这还用说吗?而这一特征对于我们理解男孩是有积极意义的。男孩不是能被人驯化的动物,不是可以被浇灌的植物,也不是可以被编程的机器。他们并不是按照输入、输出模式运作的,他们的变化发生在自身内部。作为人,必然具备个体性,人类总是个性化、个体化的。这一特性也使得他们注定要与其他同类建立联结。比如,作为个体,我们属于某个民族，我们和他人说同一种语言，我们的肤色、居住地的生存环境以及性别等与他人相同。一群人可能与另外一群人有许多共同之处，比如男孩和女孩、男孩和成年男性之间就有许多共同之处。因为男孩（也）是人，所以男孩和女孩有很多共通之处：他们会感到饥饿或口渴，需要吃或喝；他们需要爱、关注、认可、温柔；他们通过自己的感官感受，能够听到、看到、闻到、尝到；他们有清洁的需求并必须学习如何把自己弄干净；他们能够沟通，能理解语言、图画、字母讯息；他们能与他人共情。男孩与他人的共同之处多如牛毛，我们在此只是触及了冰山的一角。

男孩处在发育过程中

"男孩"的第二个特征是：男孩是儿童、少年，或者换句话说，他们还没有成年。既然男孩还没有完全长成，我们就不应当拿衡量大人的标准来衡量他们。虽然男孩还没有"完工"，可他们也不是完全不成熟——他们已经会很多东西了——他们只是处在不同的年龄、不同的发育阶段。男孩发育程度在某些方面与同龄女孩相当，在某些方面却与她们不同（比如，男孩进入青春期的时间就比女孩晚1~2年）。对于处于儿童和少年期的男孩，他们的需要必须得到成年人的满足，这样他们才能发育良好。同时，男孩在儿童和少年时期并不只是被动的，他们自身也是主动的，他们是这一生命阶段的（共同）缔造者。也就是说，家长和其他成年人对他们的影响虽然很大，但仍然是有限的。男孩有他们自己的主意、他们自己的方式以及他们自己的特性，成年人有时要迁就或至少部分迁就他们。如果把男孩看成"未成年人"，我们看待男孩的方式就会比较积极：

每个男孩都有成功成长为男人的可能。当然,做男孩和成长为男人的过程也会困难重重,他们一定会遇到各种问题。但如果他们能平安度过儿童期和少年期的话,绝大多数男孩都能最终成为"好男人"。

男孩是男性

关于"男性性别"到底有什么影响,社会上出现了大量讨论和争议。所以我们有必要了解它,因而,我们需要一本关于男孩养育的书。男性性别是我们这本书的核心。

每个男孩都是独一无二的

如果您有个很野的儿子,请感到高兴吧!如果您的儿子内敛而谨慎,您非常幸运!如果您的儿子比较敏感,您应感到无比喜悦……

没有哪个男孩是按照平均水平成长的,每个男孩都独一无二。但男孩间仍然存在能把他们联系在一起的东西。

接下来我们马上要问:到底什么是"男性"?很多人对此感到困惑。影响男性性别的有三个方面:首先,"性别"是人格中很重要的一面。男性性别与男孩的人格、身份认同以及自我感受紧密相连,男孩身份的心理学主题是男性性别的基本组成之一。其次,男性性别与躯体密不可分,比如与性器官、基因和激素都有密切关系。对男孩感兴趣的人,必须要研究男孩的躯体或生理条件。最后,男性也是社会性的。而这点与人们的期待有关——男孩或者男人到底应该是什么样的，这与理想的男性形象（男孩作为男性应当表现出的样子）有关。因而我们也需要考虑到男性的社会学因素。简而言之，心理、躯体和社会三个要素共同组成了男孩的男性特质。

但这三方面并不能单独起作用，它们相互作用、相互影响。在这些因素的影响下，做男孩和成为男人被赋予了不同层次的意义。重要的是，只看其中任何一方面都是不够的。只从一方面或片面地看待男孩，是看不清他们真实样貌的。因为做男孩、成为男人以及理解男孩是十分复杂的，有时甚至异常困难。然而值得庆幸的是，绝大多数男孩都能顺利成长。他们今后都会变成可以被世人接纳的男人，即使他们在某些阶段可能让人无法理解。此外，有些男孩可能存在很大的问题，给自身和他人造成了巨大的麻烦。遇到这种情况，我们可以对其部分地方进行改进——只要我们知道需要在什么地方做什么改变就行。本书部分篇幅是针对这一部分男孩而写的。

上述三个特征回答了什么是男孩的问题：男孩是处于儿童、少年期的男性人类。男性性别起源于心理、躯体和社会三重奏。这张大网包罗万象，所以我们需要擦亮自己的眼睛。我们看得越仔细，就越能发现男孩的这些特征可能有无穷无尽的可能性：人各不相同，单从外貌、性格、潜能、生平等来看已是如此。对男孩产生影响的社会环境也非常不一致，我们只需看看人们所处的社会阶层、收入与教育水平、乡村和大城市的基础设施、宗教传统等有多大的差异，就可一目了然。而所有这些都能影响人们对男性的认知，从而进一步影响男孩。所以我们得在头脑中同时保持这两个观点：男孩有共性，但也存在巨大的差异。

如今，专业人士在关于性别的讨论中总结出了一个简单的公式：女孩是什么样的，男孩又是什么样的。我们观察得越细致，就越容易得出这样的结论：每个男孩都与众不同。如果我们笼统地说"那些"男孩，就有可能忽视男孩的多样性，把原本复杂的问题过于简化。我们请求大家对于一概而论的做法，即每次说"那些"男孩甚至"所有"男孩时，持高度谨慎的态度；因为如果我们这样说，就否认了他们之间的区别。这种一概而论的做法背后还暗含了这种观点：存在唯一一条由男孩发育成男人的标准道路，这完全是无稽之谈。男孩具有的真正唯一共性是：他们与其他男孩有区别。当然，在这些区别中也有相关或相似的主题，许多男孩在这方面非常相像。

我们将从三个不同的视角观察"男孩"：

★ 从父亲、母亲、男孩三角中的心理动力学角度来观察；

★ 从躯体和生物学角度来观察，特别是睾酮这种激素以及男孩大脑结构；

★ 从男子气概的社会学观点出发进行观察。

这三种观点在现实生活中相互交叠，它们共同拧成一根绳。在有的节段上，这根绳完全融合，我们不再看得清哪股线源于哪股线。其中一个原因是，男孩并非一个简单的议题。此外，如果逮住一种观点就把它当成唯一真理的话，可能会招来争议。理解男孩之所以是一门艺术，原因在于它需要我们面对各种不同观点能做到自由切换，一会儿从这种观点出发来观察男孩，一会儿从那种观点出发来观察男孩——此时不要忘了，虽然所有的男孩都具有男孩身份，但每个男孩都与他人不同，是独一无二的。接下来的章节，我们将为大家进一步阐释，您会发现这其实一点儿也不难。

理解男孩

"我完全搞不懂这个男孩了"，许多男孩的家长这样抱怨道。随着年龄的增长，男孩越来越频繁地表现出自己与他人"不一样"。他们的行为举止让我们觉得陌生，许多家长感觉自己无法理解男孩。而且随着青春期的到来，男孩变得更加如谜一样；就算他之前一直还算能让人理解，现在突然好像完全不能让人理解了。这时很多家长都过早地放弃了努力，因为他们坚信自己不可能理解孩子。

我们到底有没有可能理解男孩？当然有啦！诚然，这份理解有时得来不易，并非唾手可得。况且这份理解也是有限的，因为我们对其他人的理解也只能达到某个特定程度。他人离我们越近，和我们越像，我们就越觉得能够理解他们。然而人与人之间的理解总存在一个极限。既然这样，还不如在男孩面前保持放松，反正理解所有的东西既没有必要也不可能！然而要实现基本理解具有男孩身份的男孩们却是可以做到的，而且一点儿都不难。如果我们非要带着成见，过度放大或执着于这种很正常的差异的话，就有点儿愚蠢了，比如说"男孩来自火星，所以我不可能理解他们"。其实男孩和我们一样，就从地球上来。如果您真心想要理解男孩，他们就是可以被理解的生物。

因为不能或不愿理解男孩，有的人容易对他们进行评判。通常这种评判都是批评式的："男孩都是大男子主义的，都具有攻击性""男孩从来不聊关于自己的事""男孩根本不会聊天""他们无法表达自己的感受,就算焦虑时也完全不知道应该怎么表现出来""男孩总是闯祸"。这些笼统的评判阻碍了人们对男孩的理解和亲近。印第安人有句谚语,能生动形象地揭示这一点:"在我穿上他人的鹿皮靴走一公里之前,请阻止我对他进行任何评判。"

如果我们想要很好地引导男孩的话,理解他们是非常有益且有必要的。如果您把男孩当成独一无二的个体来认识的话,他的个性就会在您面前展露无遗。为了理解男孩,您还需要对男孩以及他们的性别有更多的了解,并且带着这些了解充分地理解他们。这份更深的理解能帮您更好地和男孩建立联结,更好地与他们共情,更好地表达自己的共情并更好地爱他。

我们首先来了解男孩的心理,它来源于男孩与母亲和父亲的关系。

第一章

Jungen Eine Gebrauchsanweisung

如何与男孩
建立良好的亲子关系

男孩与母亲的关系

卵子受精后一着床,男孩就和母亲在躯体上有了联结。这种联结是生存所必需的。它一直保持到婴儿出生,剪断脐带。从他出生的这刻开始,每个男孩都首先是妈妈的儿子。但每个男孩都需要同妈妈慢慢地分离,不然的话他就一直只是妈妈的附属品。和自己的母亲分离真的是每一个儿子的人生必修功课,但每个男孩在童年、少年时期在这方面下的功夫有多有少。大多数男孩最迟在青春期完成分离;有些男人却完不成,他们虽然成年了,却仍然在情感上和母亲纠缠在一起。

母亲与儿子身体上的联结也作用在他们的关系上。母亲和儿子的联结状态在孩子出生后仍然保持着。通过在妈妈肚子里的这段时间,他们之间的关系特别紧密——母亲和小婴儿之间有亲密的依恋关系。这一亲密的共同生存状态被称为共生。通过母亲,男孩也和女性建立了联结——这种联结比同男性的联结更加紧密。这种状态一直保持,直到男孩同母亲分离。

这段发育的基础在童年早期和中期打下,即出生后到7岁之间(我们很难在此给出准确的年龄跨度,因为这与较长时间内周围的环境和男孩的发育任务有关)。但这并不是说以后的发育阶段不重要。而是人格基础结构一经形成,其改变和消退只有在有限的条件下才有可能发生。

童年早期有很多事物发生在潜意识之中，家长和孩子都没有注意到。孩子在这一生命阶段具体发生了什么，我们只能通过对其行为的观察和共情来感知。如果我们去问一个孩子，玩的时候有什么感受，或者他刚克服了什么感受，他显然没有能力作答。

儿童早期的主题对母亲和儿子之间的关系有着深远的影响，这种影响一直持续到男孩童年后期、少年时期——对于有的男孩来说，甚至会影响终生。

在男孩的感受中，整个世界一开始是一个整体。妈妈就是全世界，他首先感受到的就是妈妈，他完全感觉不到自己与母亲之间有任何界限，哪怕是一点点儿微不足道的界限。在男孩今后的发育过程中，即出生后第一年内能逐渐发现世上的区别和界限。这时男孩觉得母亲变成了他人，就如女孩觉得母亲变成了他人一样，孩子在这一过程中发现了自我。这是自我形成与个体化的正常过程。

性别在这里也有一定的影响。因为母亲把自己看作女性，把儿子看作男性——不管男孩真实的样子是什么。这样一来就产生了一种特别的分离方式。母亲把儿子定义为了"另一种人"，更形象地说，她给他贴上了一张特别的标签。母亲"看穿"了儿子这一性别上的不同，可能在儿子的外貌或气质上得出或加强自己的看法。如果母亲和孩子的生父之间有冲突，比如和他带着很多问题分了手，这种观点就会特别严重，这时母亲就很容易在男孩身上看到父亲的缺点。

就算没有这些问题，母亲也可能感到不安。因为男孩身上有些东西——男子气概——母亲并不熟悉。她对男性的认识来源于自己迄今为止同一切男孩和男人打交道的经验，而且这些经验可能是好的，也可能是有问题的。

在出生后第一年这一生命早期阶段，母亲对男孩而言至关重要。她所见、所感、所确信的被儿子全盘接纳，并被儿子当成自己的感受。所以儿子接纳了自己的特别，因为母亲把他看成了不同的人。只有在母亲传达给儿子"你不一样"之后，儿子才感受到了区别，并回应道："是的，我不一样。"

当然这条讯息并不是母亲发明创造的。她的态度中掺杂了太多社会对性别的看法。这种社会的看法可能是对于男性与女性差异非常传统的认知：男性和女性完全不同；男人比女人更重要、更有意义；男性比女性好；女性价值更低等。与之相反的，只看重"女性"的观点也可能存在。而母亲自身的经验也可能有一定的意义，因为这些是她自己同父亲及其他男孩和男人打交道的经验。

男孩被灌输了性别上的差异，这样一来他很早就丧失了一项重要的体验，即"相同"。这是一种将人与人联结起来的感受："你和我（你的妈妈）一样。"和对女孩不同，妈妈对男孩强调"你不一样"，而"你和我一样"的信息被束之高阁。因而，男孩心理发展过程中的一个主题就是去寻找"自我认同"——这首先影响了他们的共情能力和关系。所以，儿子和女儿在本质上产生了区别：女儿在性别上被母亲看作"相似的他人"，而儿子却被看成"不同的他人"。

儿子早晚会发现自己的身体也和母亲不一样：他有一根阴茎！但时间相对靠后，一般在出生后的第二或第三年。此时阴茎被当作"不一样"

的标志，成为进一步证明他不一样的证据。早在他认识到自己因为身体上的特征与母亲性别不同之前，他已经被灌输了自己不同于他人的观点。这种"不一样"并不一定是恶意的。恰恰相反，母亲也能从中获利，因为她创造了一个不一样的他人——一个男性。母亲传达的信息是："你不一样。"儿子接纳了这个"不一样"的信号，并开始寻找自己的性别。他逐渐将自己最初的性别认识和自己的两个男性任务——"有性别"和"做男性"联系起来。

母亲和女性对他而言总是熟悉而亲近的，他还没有与她们分离。所以他不得不第一次试着自己给男孩下定义。他以女性为标准，并为自己找出一条策略——寻找对立面，即女性的对立面形象，如果我和女性"不一样"，我便是男性。换言之，男性是女性的反面。对于男孩而言，这是种混沌不清的情形，他还不能借此独立，恰恰相反，他的男子气概实际上是依赖于女性气质的，因为他必须不断地远离它。这非常矛盾！这可能会把问题弄得非常复杂。

此时，如果孩子不能得到父亲的陪伴的话，这个问题就会变得严重。同样会让问题变得严重的还有，父亲在儿子这个年纪时已经向他投射了男孩的竞争主题了。然而，就算父亲主动履行自己的职责，和儿子保持紧密联结，也只能稍微削弱一点儿与母亲分离而引发的影响。一般而言，重要的第一段关系是母亲和儿子之间的关系。当然，这并不是说，父亲没有可能成为儿子发展第一段关系的对象。只是这种情况比较少见，因为怀孕和分娩以及传统的家庭分工，使父亲很少成为儿子发展第一段关系的对象。

共生关系的分离与矛盾

为了孩子能够健康成长发育，母亲和孩子都必须完成这样的任务：从早期的共生关系中分离。孩子需要变成更加独立的人和个体，因而这个过程也被称为个体化。我们也没法准确地给出这个阶段的年龄跨度，大约在出生后第2年到第5年之间。

儿子与母亲分离时会出现一些新的情况，引出其一些"男子气概"，儿子（和女儿一样）明显渴望想要与第一个爱的客体分离。对儿子而言，第一个爱的客体是母亲，即性别上"不同的人"（对于女孩来说是性别上相同的人）。在从与母亲的共生关系分离出来的过程中，他逐渐发展出一种能力，即充满爱意地投向第一位异性爱的客体的能力。在这个生命阶段，儿子对他的母亲着迷（就像女儿爱她的父亲一样）：对儿子而言，妈妈是他首选的人；如果她在旁边，他就会只找妈妈。在这个阶段，许多儿子都想与母亲（共生）结婚或者对母亲有其他陪伴幻想——只有我和妈妈。

对女儿来说，第一位异性爱的客体是父亲。从心理动力学角度来看，女儿发生了一个转换：离开母亲，跑向父亲。对男孩来说这个过程要困难一些。他首先与第一位爱的客体——"作为母亲"的妈妈分离，然后他跑向自己的第一位异性爱的客体——他的妈妈。他想要远离母亲，所以他跑开了；然后又发现她是第一位异性爱的客体，所以投向她，但又意识到自己想远离母亲的愿望，如此反复。简单地说，这就是一个反复接近与远离的过程。总而言之，这是一种非常矛盾的状态，并且男孩对此很难理解。男孩虽然感受到自己的愿望，面对这种情况却无能为力，他完全无法理解其中的原因。对母亲而言,要洞悉到底发生了什么也是很困难的,她不明白为什么儿子一会儿跑来亲近她、寻求保护并黏着她,有时候又突然表现得很冷漠,离自己远远的。所以她也只能糊里糊涂地做出回应。

> 带着分离的愿望,男孩陷入了两难境地:他想离开母亲去寻找自己的第一位所爱之人,可笑的是那位所爱之人正是他的母亲!

陷于矛盾的男孩并不轻松。如果母亲因为无法忍受其中某个状态,就做出拒绝或惩罚的反应,那男孩的处境就更加艰难了。许多母亲把自己定位于其中某一角色:一些母亲支持儿子的远离,并在他想要接近时拒绝他。这时,男孩体验到的母亲是拒绝的、让人失望的,这有可能会进一步调动男孩的力量,他会强烈要求与母亲亲近,当然这也可能导致男孩因为失望而退缩。另一些母亲反过来把孩子攥在手心里,不让他们远离。面对这样的母亲,男孩要不强烈抵抗,并发展出强大的分离力量;要不就待在母亲身边,成为真正意义上的"妈宝男"。

如果母亲不允许儿子远离的话,他就会产生严重的矛盾心理。她让儿子与自己保持联结,因为她无法忍受儿子由于自身发展而逐渐远离自己。母亲对儿子的依赖以及对儿子的欣赏与认可的依赖也可能会成为男孩与母亲分离的阻碍。造成母子关系困难的一个常见的母亲方面的原因就是,母亲对女性缺乏明确或稳定的认识。一种情况是母亲强烈地将自己的女性身份和母亲身份联系在一起;另一种同样麻烦的情况是母亲把她的自我形象建立于创造了一个"小小的男人"这一成就之上。母亲与父亲之间的夫妻问题也可能影响她和儿子之间的关系，比如当母亲从自己的伴侣身上得不到关于自己女性身份的回应或得到的回应太少时。

男孩的体验和感受在这一时期通常还处于这样一个阶段：自身有很多需求。他觉得一个已经从母亲身边分离开来的男孩不应该有这么多需求，造成这种错误观念的原因可能有父亲、男孩的男性榜样、拒绝的母亲或男孩最初学习到的男性形象。

这段经验的意义远远超越了母子关系。因为男孩将把这段最初的、最基本的关系模式或多或少地复制到今后所有的关系之中！按照男孩矛盾程度的大小以及其母亲处理男孩矛盾能力的强弱，男孩最终以不同的程度走完这个发育阶段。也正是因为这种分离期的矛盾，许多男孩和男人面对关系总体上是矛盾的：每每要接近时，就有远离的冲动。对他们而言，保持合适的距离是非常困难的。这个问题通常要到成年以后才能解决，对于某些男人而言甚至终生无法解决。由此男人们遇见了人生的一个重要主题：所有关系，尤其是同女性的关系中的矛盾。

就像对待其他矛盾一样，男孩此时没有一个"完美"的解决方案。他无法下定决心只选择其中某个状态，要不然他就不会有矛盾了。跳出矛盾的一个很好的方法是选择"第三个位置"，就是在持续的来来回回中来个中场休息。因为一切带有关系味道的东西对男孩来说都是沉重的负担。他体验到的关系是分裂的，所以一条出路是让自己忙于那些不太需要建立关系的事物：做点儿什么，干点儿什么，或者搭建点儿什么，让汽车开动起来或者踢足球。其实和爸爸一起做点儿什么事也可以很好地帮助男孩找回平衡。

因此，一切不太需要建立关系的事物都能帮助男孩放松自己。这并不是说男孩完全不需要关系，但对他们来说，关系的位置得往后靠。即便如此，关系依然是存在的——通过做任务形成了任务关系。这种关系在游戏中也可以见到，比如在玩乐高或百乐宝游戏时男孩一定会遇到人偶模型，但它们的意义只是相对的。这种关系只有在任务中存在，所以这就是任务关系。而女孩和女孩游戏的主题正好与此相反，她们的主题是"关系任务"。

可能男孩的大脑一开始就被设定好了这种解决问题的策略，也可能是睾酮和男子气概形象促成了他们这种处理方式。如果遇到了紧急情况，他们就会首选其他不相干的东西作为解决方案。如果亲近的愿望和拉开距离的渴望过于强烈，他干脆就会去做点儿别的什么完全不相干的事。这样的话，他可以稍微休息一下，重新找回力量，然后重新面对与母亲矛盾的关系所带来的情感压力。

只有当儿子解决了这个矛盾主题之后，他才能内心毫无抗拒地亲近父亲，并认同父亲；从心理动力学来看，这发生在3~6岁间。然而他在与母亲的分离阶段就已经急需父亲了。他需要父亲作为情感支持，作为平衡的力量和安全感的来源，因为父亲能传达这样的讯息："这一点儿也不糟糕，这些都会过去，我们可以一起尽情地玩些好玩儿的"；还有，父亲作为其母亲的安全伴侣，这同样会给男孩带来情感支持。

在少年时期，男孩过去与母亲分离的过程又在一个新的层面上重演。接近与分离的矛盾又重新闪现，男孩一会儿在母亲面前表现得粗野、疏远，一会儿又投向母亲，亲密而有魅力。那些顺利度过这一阶段的男孩遇到的情况是：母亲接纳了儿子的远离，她也在自己和儿子之间设置了界限——充满爱意又小心谨慎，对自己也是这样！这样男孩就会逐渐成熟，并且发展出健康的荣辱感。对 15 岁男孩来说，如果母亲给女老师打电话核实家庭作业或为他一手安排实习，他会觉得是件丢脸的事。母亲可以抛砖引玉，但实际操作必须由儿子自己完成。如果成功了的话，母亲就能自豪地感受到儿子已经以男人的方式与自己分离了。因为他与妈妈离开了一段距离，不是什么都告诉妈妈，变得自主了。有的母亲则恰恰相反，她们不让儿子独立。这时，我们就会看到一个 17 岁的大小伙子，做一件简单的事情还要妈妈陪着——这么做并不是为了让儿子感到舒适（如果要让他们感到舒适的话，需要母亲具备光速解决一切问题的能力），而是为了满足母亲。那些独立抚养小孩又没有伴侣的母亲以及长期处于紧张夫妻关系中的母亲特别容易变成这样。如果母亲发现少年期儿子的分离愿望后，自己产生了丧失焦虑，实际上这已经拉响了警报，她可能需要养育咨询或家庭治疗。

母子关系对男孩"男子气概"的影响

如今要形成针对男性的观点已经越来越难，不管是普遍的还是特别针对母子关系的男性观点。母亲对男性或男子气概的认识来源于社会对它们的设定：介于崇尚与理想化这一极端和贬低与抵触的另一极端之间。这种两极分化让她和儿子之间的关系更加模糊不清。母亲对自己作为女性的身份越不确定，她就越不可能同自己以及其女性身份形成安全的联结，她因此也就更有可能通过下列方式打破界限，影响儿子的男子气概：

★ 忽视儿子的男子气概，不作出回应；
★ 过于高看或理想化儿子的男子气概；
★ 向自己允诺要让儿子成为更好的男性；
★ 不得不抵抗或贬低儿子的男子气概，因为这种男子气概让她觉得不安全。

这些对儿子来说都是大灾难。贬低会导致他对性别的不确定，常常也会导致他固执地做出过度反应，并不断努力证明男子气概仍然有价值。理想化使得男孩不切实际。它赋予男孩一种性别阶级观念，似乎男孩或者男性性别的所有者天生就高人一等。同时，男孩也不可避免地会接触到过去的男性形象。理想化和贬低两者并非针对男孩，而是针对男性形象。而男孩的渴望却是针对自己的男性（孩）身份的。

对男孩而言很重要的是他的母亲也能爱与接纳他的男性身份。如果男孩像个骑士一样挥舞着剑在房间里四处战斗，实际上他正在以象征的方式表达自己的男子气概——我们能感受到他的能量。无论是作为西部牛仔、印第安人、忍者、武士、寻宝人、发明家、私人侦探还是刑警，男孩希望别人能够认可自己区别于女性气质的男子气概。男子气概具体指什么，男孩在童年期还不太清楚，但这样也不错。因为这里所说的男子气概和儿子或母亲所想象的男子气概关系很小，而与男孩自身的男子气概关系更大。这种男子气概蕴藏于男孩自身——是一种完全特殊、个性化并且能创造出一个独一无二的他的东西。他在所玩的游戏里也表现出了这一点，比如他扮演什么角色、对什么感兴趣。他的男性身份要到少年期才变得更具体，这时人们才能逐渐看出这个男孩是个什么样的人或者是个什么样的男人。

对男子气概的回应

> 杨今年3岁，已经学会了骑自行车。他戴上自己的头盔并跨上自行车。就好像搞混淆了一样，他说："我是摩托车车手，已经戴好头盔、穿上了车手服。""是的，没错，"妈妈答道，"而且你有一辆好大的摩托车——这听上去怎么样？"
>
> 尼克拉斯对骑士着迷，他特别喜欢画剑、盾和骑士的盔甲。他妈妈其实并不太懂这些，即便如此，她也经常问他："你能不能给我讲讲，骑士用这个做什么呢？"尼克拉斯想要一柄剑，他得到了。但妈妈却有些受不了了。她请求他："给我看看到底应该怎么用剑打仗！但只是演习一下，不是真打。"

在追寻男子气概的过程中，男孩发现了许多东西。为了把这些东西变成自己的，他希望也必须去尝试。男子气概在男性的（日常生活）神话中有以下表现形式：骑士、警察、消防员、建筑工人、摩托车车手、手工匠人、垃圾清理工等。这些"真正的男人"毫无争议地展示出了男性身份。男孩也会在媒体形象或游戏形象中——在他们的英雄身上寻找类似的典型气概。男孩从中吸取一些元素，然后在自己身上展现出来。尤其是在他们的父亲、其他（年纪更大的）男孩身上或男人的行为举止上，他们能够发现男子气概的要素：男人的行为方式或者低沉的声音以及能够给人支持的姿势、共情、责任、坚持等。

但有个问题是，有的母亲会灵敏地嗅到一切和传统男性气概有关的事物并作出回应：她们能察觉所有"重要事件"中的男性成分并认为自己必须要与之斗争。如今的妈妈们几乎不能无条件地爱男孩身上的这些男性气概。她们总是错误地认为这些是冒险、强势或者是可能对她造成威胁的东西。她们觉得男孩必须丢弃所有的伟大幻想。或者，她们在男性气概中只看得到不确定之处与劣势：因幼儿园阿姨和中小学教师而变得弱小、敏感而无助的男孩，他们的能力没法被人发现。而他的个人特征也常常令母亲惴惴不安：如果他是个安静、爱思考的男孩，在母亲的潜意识里他就有可能缺乏男性气概；如果他展现出的是一副狂野、有活力的样子，他的母亲就会觉得他太过于男性化了。简简单单地去喜欢男子气概本来的样子，真的不是那么容易的！

社会对男子气概的看法会严重影响母亲对男孩男子气概的态度。但是如果社会对男子气概的看法是分裂的，母亲就无法简单明确地爱自己的儿子并表达出对他的珍视："你是一个具有男子气概的男孩，所以我爱你！"此外，母亲也不能欣赏孩子父亲男子气概原本的样子。对于自己的男子气概，父亲们常常带有不安或分裂感。这样一来，母亲们完全没法知道男子气概有什么优点以及她应该如何应对：传统的男子气概（特别是强势主导的男子气概）她不想要，而其他形式的男子气概她也没见过。她得等到什么时候才能变得耳聪目明呢？她不得不一直麻木下去。

这对男孩来说很不利。如果男孩不能从妈妈那里感受到她对自己男子气概的爱的反馈，他们就不能很好地发展。他们被卡在这个问题上。

男孩在这个时期还依赖于自己的母亲，还依赖于母亲对他们男子气概给予的肯定。如果现实情况不是这样的话，男孩就会在今后遇到类似内心体验的时候——遇到依赖问题时碰壁。所以很多男孩会回避一切依赖和关系，也包括回避同其他男孩和男人的关系。

在幼儿园和小学里，男孩也会遇到令其陷入性别困境的女性。她们同样对男子气概持批判态度。幼儿园和小学女性教师常常过度批判或贬低一切她们认为属于男性的且不好的东西。她们看不到男孩身上的其他东西，至少看不到其他属于男子气概的东西。这样一来，男孩就陷入了紧张的环境中。此外，他们还有一项社会任务要完成，即"有性别，做男性！"。他们要怎么才能完成呢？因为男孩一直无法得到对自己男子气概的肯定，他们只好寻求社会中的榜样。他们找到能够给他们指引方向的男性榜样，这些榜样也能给他们的男子气概提供"看似无限的空间"。

男孩与父亲的关系

初始的父子关系

男孩什么时候开始可以算是一个男孩？毋庸置疑，那就是受精卵形成之时。受精标志着男孩作为男性的一生开始了。性别首先是由父亲决定的：父亲通过自己的精子决定了孩子的性别——但他本人却无法自由选择。一旦父亲的染色体进入受精卵，并且形成的胚胎能够继续发育，这位父亲便"是"生物学父亲。生物学父亲通过受精完成了自己的使命，所以生物学意义上的父亲身份相对简单，是一个始于受精也终于受精的简单的生物学事件。这和母亲不同，母亲在受精之后至少在怀孕期间一直和孩子有身体上的联结，有的在哺乳时仍与孩子保持联结。

与之相反，成为父亲却是一项挑战，因为这件事永远无法终结，它不断发展，只有通过作为父亲的实际行动来完成父亲的使命。

通过受精与生育，父子之间开始编织起关系、联结与爱的网。对于男孩而言，最有帮助、最有利的是，父亲的这张网从他们一出生就开始编织，直到儿子独立之前从未间断。

奇妙的父子关系

★ 父子关系能带来一些饶有趣味的东西——无需刻意，简简单单，就像我们喜欢游泳，喜欢和朋友吹牛聊天，喜欢拥抱别人一样。

★ 父子关系能带来长久的满足感，因为您可以为另一位男性做些什么；作为父亲您将感到非常幸福，因为您可以把一些男子气概传递下去，这会带来深刻而持久的满足感。

★ 父子关系真的很重要，因为作为男人，您在您儿子的生命中起着至关重要的作用。父子关系是社会在男性还是受精卵时或者获得父亲身份时授予他们的最基本的任务之一。

★ 父子关系让您与自身建立起联结，使您得到更大的发展。作为儿子的父亲，您在儿子的成长过程中不可避免地会和自己联结起来,和自己的成长经历联结起来——有时有趣,有时痛苦。

★ 父子关系给您提供了唯一一次认识自己、感受自己的机会——当然不会只有好的体验(就像其他形式的自我体验一样),但对于自身的成长而言,这是好的。

在这段初始关系中,父亲代表的是自身,即同性的竞争对手。"我和你一样,都是这样",这种说法与态度给男孩提供了性别上的根基。当母亲在儿子面前强调他的"不同"之时,父亲可以保持并传达一种"我与你相同"的感受。这样一来,父亲的竞争就有效中和了因母亲过早出现带来的"不同"这一大环境。所以,对于绝大多数男孩而言,他们的父亲理所当然地是他们在儿童和少年时期最重要的男人。实际上令人惊讶的是,公众和父亲们对于这种关系的认识鲜少达到这种程度。首先,对父亲而言很重要的是要知道儿子需要他们、为什么需要他们以及为什么他们对儿子的意义重大。

帮帮我:我的伴侣根本不会做父亲!

确实存在极个别父亲就是不知道应该怎么当父亲。有些父亲即使非常努力,也无法做好,因为他们自己对于父亲身份有不太好的经历,所以能力有限。他们很可能自己也因此痛苦万分,却无法摆脱。对于儿子和母亲而言,这恐怕是很痛苦的,但不是所有人遇到这种情况都会变成这样。如果她们真的能够慢慢看出,其伴侣作为父亲的无能状态无法改变,那她们最好要自己想办法补救了。这些母亲可能不得不放弃一些东西。她可能之前想得非常美好:一个愿意拥抱儿子的父亲,和儿子一起躺在地毯上玩儿的父亲,和他一道追逐嬉戏的父亲,和儿子一起兴奋地踢球的父亲,或者专心聆听儿子讲话的父亲,或者给儿子解释发动机原理的父亲等。多么美好的画面!然而不断要求父亲做他们根本做不到的事情,反复揭开同一道伤疤,这样的举动毫无意义。最终大家可以一起寻找替代方法来弥补这一缺陷。即使他做不到这些,我们也要看到父亲身上其他的优点,比如给家里提供经济保障、忠实可靠或者动手能力强。

工业化发展把父亲从家庭吸引到外面来,或者把他们从家里赶出来。父亲角色长久以来就是从外面找回资源养活一家人,因为他们首先要保证收入。与之相反的是,今天我们要求父亲角色提供更多的东西,其中最大的变化是要求父亲回归家庭。和父亲回归家庭紧密相关的是对父亲性质与意义的认识。因此,父亲需要在家做些什么,需要亲近他人,首先是儿子。

对于儿子来说,他的父亲一开始怎么对待他很重要。父亲在他的成长过程中起到了特殊的情感作用。父亲在与男孩相处的过程中表现出越多的共情,男孩将来长成少年或青年男子时就会在关系联结中越感到安全。所以父亲一开始就要把自己的感受、倾向和爱全部投入其中,这一点非常重要。男孩能够从与父亲的情感接触中获益良多。在这个过程中,问题的关键不在于消除不安,而在于您得在情感上保持"在场"。如果您的儿子有一天这样评价您:"我的爸爸有时候真笨,要是他曾经告诉过我他喜欢我的话……""我的爸爸从来没有表达过他爱我。"您觉察出其中的差别了吗?这才是关键。

感觉与冲突

一开始,父子之间的关系是这样的:父亲对儿子而言只是一种感觉。这种感觉存在于父亲的认可与爱的质量中:父亲是儿子"毫无理由地"接纳并爱的第一个陌生成年人,他是除了母亲之外第一个给儿子支持的人。这种温存感与其他因素一起影响了儿子对世界的信任感。母爱则是另一番样子,母亲通过怀孕和哺乳期与男孩建立身体联结,母爱对于男孩而言更加自然而然。这些都是很早期的体验,所以父亲一开始就和儿子建立并保持联结意义重大。

同时,感觉这个概念很容易让人产生误解,儿子感觉到的是父亲日常表达出的父爱,而不是父亲某天可以表现出的什么特别的、极端的举动!而且,在身体交流、关爱和今后的玩耍中,父亲也带入了自己的特色:他可能会激动,可能发起挑战,对这个带有要求的探索性游戏而言,父亲首先是重要的。随着儿子的成长,很多父亲都觉得越来越容易满足他这方面的需求。但对挑战、新鲜事物和强烈刺激的兴趣很容易把人带向某一极端——在和儿子玩耍的过程中,请随时注意保持平衡。

从儿子的角度来看,父子关系也很重要。一旦男孩明白性别是"不能改变的身体结构"以后,他就会发现:爸爸和我有"相同的"性别。单凭这一点就能让儿子对父亲产生亲近和认同感。儿子在潜意识中希望自己和父亲一样，或者今后成长为和父亲一样的男人。这样一来，儿子就会认为自己和爸爸一样，自己几乎住在了爸爸的身体里，通过爸爸的眼睛看世界，和爸爸有一样的观点。

从认同到分离

一旦成功地解决了分离冲突，男孩的生活就进入了新的篇章。现在男孩想变成和父亲一样的人，至少今后成为和父亲一样的人。他开始认同自己的身份，觉得自己和父亲是一类人；他尝试着模仿父亲，希望今后从事和父亲一样的工作。现在男孩需要父亲做一个坚定的男人，这样他就能够在父亲的身上看到那份伟大，看到自己的英雄，感受到男人的潜能（在这里插一句：如果父亲感到不确定，或者在家里面表现得唯唯诺诺的话，他给男孩提供的刺激就会非常有限了）。从中男孩也发展出对自己的认识：男孩永远不可能完全成为和父亲一样的人，就算他在身份上认同父亲，慢慢地，他就明白自己是个什么样的男性了。而在青春期，男孩表达出的却是强烈的划清界限的要求。多数情况下，身份认同感会变得荡然无存。现在，他一定要全盘否定父亲，包括父亲当下的状态、想法和能力。通常男人要到很多年之后才能认识到他从父亲身上继承了多少东西，认识到他和父亲有多少相似之处，这部分也可以归因于他现在的能量终于逐渐趋于稳定。

在他今后的人生里，父亲仍然是他的男性榜样，是他心目中男性的原型。和爸爸之间的"男人与男人"的关系是一种真实的体验，也可以作为一种关系模式。父亲第一次给儿子展示出，"男性"怎么处事；他给儿子讲男人的世界是什么样的，在男人的世界里为他提供支持和指导。这些都是在日常生活中传达的，在父子的共同时光中传达的，在父子关系的时空里传达的。所以我们反复强调父亲要尽可能多地与儿子相处，一起读书、依偎、玩耍、合作、冒险、做家务、聊天。这样一来，父亲甚至还可能和儿子谈论父亲身份以及父子关系，比如可利用编故事、玩人偶等象征性手法或者在儿子长大一点儿后直接和他谈，"你觉得我到底是个什么样的爸爸？"这样的提问还是非常有趣的。

父亲也是儿子设立界限时的男性对象。如果男孩在儿童时期设立界限的方法还很幼稚的话，他在进入青春期以后就能更加像个成熟男人了。设立界限意味着分离，并且是真正意义上的分离。这对于父亲而言肯定也是痛苦的，而这种痛苦无法避免。这是父子关系发展必经的过程，就如认同时期的快乐一样。也许这么说并不能给您安慰，但这个过程对父亲而言的确不美好。儿子到青春期以后，父子关系有可能会变得非常紧张，让人极度痛苦。

然而在青春期阶段，人们还是能看到一点儿光明的，比如父子之间的紧密关系和欢乐时光：为已经长大了的儿子而骄傲，看到他变得更加独立自主了，或者重新认识了自己的儿子——这些都是父亲在与儿子分离时可能享受到的幸福时刻。

父子关系的难处

男孩从成功的父子关系中得到的益处将是巨大的，然而这个过程是艰辛的。许多父亲觉得和儿子很难相处,其原因在于,这种关系是男性与男性之间的关系。这个问题既是由父亲带来的,也是由社会造成的。对此,我们可以列出以下一系列原因。

请问男性是怎么行事的

父亲的困难之一是,作为当代的一名男性,他需要向儿子展示,"男性"是怎么行事的。父亲对自己的男性身份通常还不确定。很可惜,只有极少数男人能够自信地说:"我就是个男人,所以男性就像我这样",或者说"就是我这样"。"给儿子展示男性怎么行事"这项任务很可能会唤起父亲的不安,也可能会激起他的愤怒,如果他觉得自己没有这样的能力的话。这样一来父子关系就会受到阻碍。这种情况下,儿子们无法简单地、自然而然地运用他们在父亲身上体验到的有关男性的东西。因为他们生命中的第一位男性是"去男性化的",所以他们几乎无法获得任何积极的父亲形象,也无法在内心为男性的初始形象找到一席之地。其后果将展现在他们的性别认同上,男孩对男性缺乏确定感。如果父亲深入地分析男性特质的话,他就能获得更多的确定感。

每位父亲都是一个儿子

让父子相处变得更困难的还有,每位父亲自己首先也是一个儿子。他自己很可能也没有一位合适的父亲,让他观察学习怎么做父亲。所以好父亲的形象对于很多父亲而言都只是一种模糊的想象。有些父亲只是抱着"不要和我爸爸一样"或者"要比我爸爸好"的信念。所以这样的父亲会给儿子自己当年在父亲那里没有得到满足的东西,比如陪伴、情感上的亲近、有趣的玩耍。这时很多父亲都会暗暗地嫉妒儿子，因为儿子得到了自己得不到的东西。这同时也会引发他对自己父亲的愤怒，因为这些东西如此重要，而他竟然没有给我！要应付这种感受上的割裂并非易事，因为他几乎没有可以参照学习的父亲形象，所以只能自己创造。一般情况下，每位父亲都自己设计、创造出了自己的"父亲模式"。做父亲一直是一项尝试。父亲们可以自己设计如何做父亲，他们也必须自己设计。他们的这种创造谁也无法否认，所以每一位父亲都应该为自己当父亲的方式而骄傲。

太亲近了

父亲的身份与情感关系的质量尤为相关，即与父子之间的亲近程度相关。正因为这种关系有同性恋的嫌疑，所以让人倍感焦虑。我们不应该因此而退缩，恰恰相反，我们需要多一些肢体接触，多一些情感沟通，多一些父子之间的爱，这才是战胜这些焦虑和恐惧最好的方法。

这里到底谁说了算

父亲和儿子在某些阶段互为对方的男性竞争对手。这里就是"谁更好"或者"谁能最终坚持自己的立场"的问题了。竞争本身并不是不好，竞争可以促进个人和社会的发展。然而决定竞争是否能最终达到这个效果的是量的问题。处于竞争中的双方都需要攻击性。父亲作为身体和精神都更加强大的一方，需要注意保持恰当的平衡。有时父亲会完全误解儿子的这种竞争，把它理解为"玩真格的"。那么他们就会在自己情绪的推动下，仿佛要让儿子明白谁才是真正强大的那个。这种竞争是否会影响甚至毁灭父子关系，完全在父亲的掌控之下。

父亲与儿子划界限的时机

父亲在和儿子打交道的过程中一定会遇到困难，通常发生在儿子表现出弱小、容易受伤和不安时。这时父亲内心会产生一种冲突：这算什么"男人"？这些感受不符合父亲眼里男人应有的形象，同样这也会引起父亲的不安。于是他离开或者回避与儿子的关系，使得男孩今后成长为男人以后仍然不擅长和这些情感打交道。正确的做法是，感受自己的不安；尽管自己不安，但仍然充满共情地和儿子待在一起。这对儿子有帮助，通常也对父亲有帮助。

父亲和儿子之间相处困难并不奇怪，很重要的是要明白：父子关系紧张是情有可原的，也是不可避免的。另外，做一个主动的父亲"收获"也会很大，能部分抵消做父亲的艰辛。父亲如果当得成功，周围所有的人都能获益：父亲自己、他的儿子、母亲以及其他所有家庭成员。重要的是，即使在困难阶段，父亲仍然要主动去维持父子关系，展现出自己的勇敢与坚毅（这里真的要求父亲有优良的男性品质）。

何时需要寻求帮助？

在与儿子相处有困难的时候，父亲常常会想起自己作为儿子的经历。这时，父亲有必要分析一下与自己父亲的关系。如果那是一段糟糕的或者悲伤的人生经历,并且正好碰到其父亲还具有某些人格特质,那么建议父亲去寻求支持(同伴侣或最好的朋友聊聊,或进行咨询或心理治疗)。

一般而言,积极活跃的父子关系对父亲也有潜在的发展作用,因为他们自己会再次亲身接触到男性议题,得到一次机会去弄清自己人格中儿子身份的这一面。此外,在此过程中他还会得到一系列发展:一名男性对另一名男性的关怀,成长并承担起新的责任,体验并认识到可靠性和自我照料的意义。

给父亲的提示

对自己父亲的消极体验、认为儿子重要无比和在与他人攀比过程中产生的对理想父亲的想象都有其副作用。父亲们认为他们必须得做一位非常棒的父亲,这毫无道理!作为父亲,他们没有必要完美无缺。恰恰相反,完美的父亲会给儿子带来伤害。真实的"刚够好"的父亲比极少见或只存在于想象之中的超级父亲更好。所以,首先,请您不要尝试做一位完美的父亲。当您不是超人父亲时,对儿子也有好处,因为您完美无缺他就无法超越您了,而您的儿子还是希望能够超越您的。

如果您能认识到自己的短处并且能够正确应对的话,也是很有益处的。您可以为了儿子在自己的错误上下功夫。真正有意义的不是您的完美无瑕，而是您爱儿子本身的样子。这是评判好父亲的很重要的一项标准。就算很困难，也请您试着放弃对理想父亲的想象，因为您不可能做到。请尽力做到您能做到的最好程度，从现在马上开始行动。

父亲角色的平衡

　　父性的发展潜能在工作分配中也会有所展现。只在很少的家庭中，父母的工作价值几乎等同。通常情况下，父亲都是家庭的"主要收入来源"，母亲是"次要收入来源"，父亲挣得多，母亲挣得少。可惜的是，父亲在这方面也成了儿子的榜样。他们给男孩传递的信息是：工作对男人而言非常重要，比家庭更重要，比儿子更重要。在这种男性的常态之后隐藏的现象是，父亲也处于事业与家庭的冲突之中，他们也需要寻找平衡。他们的性别使得他们不能公开地谈论这种冲突。儿子不明白父亲的这种痛苦，他只注意到父亲在职场上的主导地位——他认为这就是男性应该有的。

　　父亲的男子气概在另一个角度上对男孩也意义重大。因为和母亲之间的特殊经历，很多男孩觉得和母亲的关系，很多时候甚至包括与其他家庭成员的关系都充满了"女性的味道"。母亲在家庭中强势的地位部分也是由父亲退缩造成的。他们示意母亲："家里面就靠你了"，然而这对家庭氛围并不利。相反,自信的父亲将参与其中,保证家里面不过度被一方主导。比如,父亲可以为家庭展现清晰的条理和冲突中的情感,展示家中从未出现过的另一极,起到平衡、中和的作用。对男孩而言,这很健康,也可帮助他们处理今后生活中的情感风暴。

如果母亲感受到儿子想和父亲亲近的愿望未被满足,她可以帮助父亲融入其中——但注意不要批评。如果母亲对父亲说:"你还是应该和塞巴斯蒂安玩一玩",父亲会把它听成一句批评,会认为这是一项负性评价。最好这么说:"如果你和塞巴斯蒂安玩儿,他会很高兴的。你最近什么时候有空?"

对于做父亲这件事,母亲的工作是,在必要时腾出空间,从一开始就应该这样做。很多父亲因为对自己的角色感到不安,所以在尝试的时候显得犹犹豫豫。这通常不是因为他们不愿意,如果母亲能多给父亲一点儿时间,让他去尝试,就会产生意想不到的效果。当然,如果母亲能够优雅地表达自己对父亲这种行为的赞许就更好了,这样父亲们将备受鼓舞。只有自身不介入父子之间的活动,母亲才可能有一天真正地为儿子和他优秀的父亲而骄傲。

逃跑的父亲

理论上所有的父亲都应该努力花更多时间和儿子相处,然而实际上却并非如此。是什么把父亲从儿子身边赶跑了?

- 信息缺失：许多父亲不知道他们一开始就对儿子非常重要，也不知道为什么非常重要。
- 自身对男性形象的想象和不安使得父亲逃跑。不安让他感到很不舒服，他跑出这片混乱，逃到更安全的区域，特别是工作中。
- 他的责任感使他投身于工作："我现在必须为了全家努力挣钱"，这使得他对工作更加上瘾了。
- 然而职业本身要求也很高，职业中的要求、职场工作把男人从家里"拽"了出来。
- 最后，母亲也参与了把父亲挤出家庭的过程。母亲做好了准备，觉得自己理所当然要独立完成一切。她们悄悄地蔑视男孩的父亲（"他实际上是多余的"），这种机制实际上就是通过贬低丈夫来抬高自己。除此之外，还有女性的伟大妄想——而这对儿子来说是有害的。

男孩与父亲、母亲的三角关系

通过阅读上面男孩与母亲的关系和与父亲的关系内容，您已经知道这两种关系并非孤立，虽然一种关系的主题是父亲或母亲，但另外一方也同时具有特殊的意义。儿子、父亲和母亲形成了关系中的三角，这个三角对男孩的发展有独特的作用。就算家里还有一个兄弟姐妹，甚至更多孩子参与其中,虽然他们使家庭变成了一张关系网,但是母亲、父亲和儿子之间的三角仍然是不可替代的。每个男孩都需要女性的和母性的东西,也需要男性的和父性的东西。并且每个男孩都需要在三角中有一席之地,让他面对父母这对伴侣。在生命中所有阶段都是这样的,但是这从男孩出生后第四或第五年开始,其权重明显增加。

在这个年龄段,男孩能够看到单一关系之外的东西。他能够慢慢看清自己所处的关系结构,并且感知到他人(除了自己以外的人)也处于爱的关系之中——这是发育过程中很重要的一步。

父母关系对男孩成长的意义

在这个三角中,父母间的性别动力对男孩的性别发育非常重要:父母双方对彼此的性别做出积极的确认和反馈。在父母的关系中,丈夫能够听到妻子说:"你是个男人,我觉得你是个好男人,我喜欢你身上的男子气概。"同时,丈夫会告诉妻子:"你是个女人,我觉得你是个好女人,我喜欢你的女人味。"男孩竖起两只耳朵听进去了:男人是什么样的,他会说些什么,他作为父亲怎么处理和自己妻子之间的关系。另外,男孩明白了女人是什么样的,她会告诉男人什么,她对男人会做出何种反应。

父亲有一项很有意义的任务,那就是让儿子的母亲重新做回妻子,并且帮助这位妻子做个好母亲,或帮助这位母亲做个好妻子。特别是在儿子与母亲分离的阶段,当他对母亲非常着迷,认为他是自己的伴侣时,父亲的这项任务显得尤为重要。如果父亲承担起母亲男性爱侣的角色,并明确地表现出来的话，他就给儿子传达了这样的信号："她是我的！"并制造出清楚的人物关系，而男孩在健康发育过程中需要这样的关系。

想要让这个三角发挥促进作用，三条边都必须稳固：父母作为一对处于关系中的伴侣，不管是父亲对母亲还是母亲对父亲，都必须有真正能让人看到的认可与最好的爱；母子之间以及父子之间都存在安全的联结，存在各有特点的爱。

在生命的某些阶段，男孩可能会痛苦地发现他的母亲和母亲的伴侣，也就是他的父亲之间还带有情色意味的性关系。这种痛苦是无法避免的，这其实是接触现实的一部分。而这种痛苦最终给了男孩安全感，因为他的母亲并不会糊里糊涂地真的去满足他的爱恋——不会突然和他结婚。在这种痛苦中，男孩反而解脱了！

在这个三角关系中，父母相爱当然是美好、安全而有利的，但也不是说他们非相爱不可。许多（这里不仅仅指躯体上的）成年人能够做一对好的父母，即使他们已经分手，不再是爱人。很可惜的是，在分手时，很多男人和女人表现得不像是真正的成年人：他们因为压力，在分手时退回到儿童的行为模式中——受伤以后缩成一团或者采取权力博弈予以回击，因而不能履行自己的职责，即在三角中做一个稳定的、可被人依赖的点。

另外，父亲的共情也与之相关，因为每位父亲都曾是一名男孩，所以母亲和父亲所具备的知识是不同的。父亲比母亲更能理解"男性版本的童年"。正因为父亲多了这段经历，他可以成为母亲和儿子之间重要的口译员。一切母亲有不同见解的地方，比如男孩不同的沟通方式及不同的处理方法，父亲可基于自己的生活经历，向母亲解释。

　　三角家庭关系并不是静止的。它的力量和能量、组合中的爱并不是在两个人之间"一来一回的"，而是形成了一个圈：父亲通过儿子影响并爱护母亲，母亲身上又产生了力量和能量并返回父亲。母亲充满爱的能量流向男孩，并继续流向父亲，通过他再回到母亲。男孩也让他的爱通过母亲或父亲流向另一方。这个循环产生了自身的动力：一种关于"我们"的感觉。当然，两个人之间的关系仍然存在（在专业术语中我们称之为二元关系：我和你）。一些其他的、独特的、有联结的且近乎魔法式的东西进一步产生：一股能量、爱与传达之流，即"我们"。

　　为了能体验并运用这个三角，男孩必须认识到他的父母是一对伴侣。这一点他可以通过伴侣日常中的细节认识到：一次拥抱，一个充满爱意的吻，或者在做事之前一次眼神交流——你来负责还是我来负责、你去还是我去，父母在用餐时的谈话或约定。等男孩稍微长大一点儿，父母之间的谈话就可以把儿子包括进去了（你是怎么回应他的提问的？你和他一起做了些什么？）。作为一对伴侣，他们也谈论成年人谈论的话题。此时，这一对伴侣需要单独的时间，男孩并不总是非得参与其中。如果有必要的话，父母应十分尊重男孩："请让我们把这件事说完，我们马上就和你说话。"这样一来，这对伴侣就有了自己的位置。这对男孩而言是很折磨人的，请给他机会让他从他的王子角色中走出来，进入一个普通的、稳定的、有批判能力的男孩的角色，以便今后成长为真正的男人。

如果周围所有人都围着他转，他就很难脚踏实地，或者他今后可能会一直拒绝接纳事实本来的样子，自己把自己困在幼稚的男性伟大妄想里（比如，如果他今后没有机会马上成为股份公司一名最大股东的话，他就会遇到很大麻烦）。

伴侣中的两人很重要的特性就是不同，其中也包括了性别的不同。对男孩的成长而言很重要的是，他们要在这对作为整体的伴侣身上看到不同，看到二元对立，从而能够带着双重视角看待问题。想要成功保持伴侣关系，一个先决条件就是互相接纳对方的不同之处：他很爱整洁，而她不太爱整洁；他爱说话，而她不太爱说；他更加内向，而她更外向。原则是，伴侣双方共同呵护他们的差异，并常常为之注入活力。

父母关系对男孩"男子气概"的影响

三角中男孩的自我形象取决于两个方面。一方面，男孩的父亲必须是男性，具有男子气概并且知道他应该怎么做才算"很有男子气概"；另一方面，他的妻子，即男孩的母亲，必须同样能够感知、接纳并且（至少部分）喜欢或爱这种男子气概。顺便提一句，如今不掉入性别刻板印象的陷阱已成为一门艺术。早先理所当然的"你是男人""你是女人"这种说法已经过时。值得注意的是，现在让男人特别是父亲们说"你是女人"比让女人说"你是男人"要容易得多。女人终于证明了她们女性特质中最重要的元素：她们成为了母亲。她们通常都坚信女性必须与母性同在。

为什么女性常常很难告诉丈夫"你是男人"？她们的困难在于，她们无法找到"男子气概"中任何值得爱的东西。父亲应该在自己身上、母亲应该在丈夫身上找到一些"好的男性形象",找到属于男性的且积极的东西才行。在寻找的过程中,我们常常带着过度批判的眼光:压制女性、贬低女性的男性肯定不能算"好的男性形象","孤独的牛仔"形象也不是,广告上笨手笨脚的男性样子更不是。可什么才是"好的男性形象"呢?

处于三角中的男性有一项重要任务,那就是寻找依据,启发思维,定义男性特质。女性的任务则是观察并找到男子气概,对其做出反应,给予积极回应并常常表达自己正是因为丈夫的这些男子气概才爱他的:"我喜欢你,因为你有独特的男人味,而且是好的男人味!"男子气概具体的样子可能千姿百态,甚至还有可能与我们对性别的刻板印象截然相反:父亲也可以很关心人,能与他人共情,并且是有男子气概的;而母亲也可以充满活力,坚韧不拔,事业上非常成功,并且同样有女人味。一切都没问题,只要他们自己喜欢自己的样子,并且丈夫喜欢妻子现在的样子,妻子也喜欢丈夫现在的样子就行。毕竟,谁也不希望自己在性别方面被否认或者遭到贬低。

父母的互动模式,男孩看在眼里,他自己也同样需要。他也希望自己的男子气概被母亲所爱,被母亲赞扬,当然还包括母亲能为他不同的性别感到高兴,允许他与自己不一样,允许他离开自己,允许他有新的爱人,进入新的爱的关系之中,并且母亲还能珍视这一切。这些能给男孩自由和安全的感觉,让他有勇气进入一段真正的关系,因为他的性别完全没有问题,他的性别甚至是可爱的。如果缺少了这种对他男子气概的认可，男孩就会倾向于抵抗关系的建立，他会尽量回避依赖，因为他永远不知道自己是否能全须全尾地从关系中走回来。

塞巴斯蒂安把工作排得满满当当，一心投身事业。他已经有了一定的职位，并且必须做出一点儿自己的成绩才能保住自己的位置："竞争对手并不会打瞌睡。"当然这能给他带来一些东西，比如自我价值感，比如男性身份。他感觉自己这么做还有一个目的，就是给家庭提供安全感和一定的生活质量。他也因此被他人赞扬与认可。每次他的妻子指责他很少在家的时候，都会对他说："是的，你为家里也付出了很多，我们都很感激。"

约纳斯做半职工作，他的妻子伊娃和他分担挣钱和带孩子的工作，所以他是半个"家庭主夫"。他的一些同事有些不理解，但他最好的朋友却赞扬他："你真有勇气。"约纳斯是个勇敢的先行者，他敢于创新。即便做半职工作，他也并不比其他多数男性软弱。伊娃也觉得这很好，她很感激。

苏珊娜完全沉浸在自己的母亲角色中。彼得不断尝试，调动起她的情绪，和自己来一次浪漫的交合。然而苏珊娜却怒火冲天：她觉得这简直是疯了，他居然脑子里只想着这一件事，简直就是典型的男人，脑子里除了做爱什么也不想。对彼得而言，问题不在于妻子对性的拒绝，她现在对这个没兴趣，这没关系，妻子对他的做法和对性行为的贬低才是问题！

健康三角关系对男孩的益处

在家庭三角中还有一点很重要，父亲应该乐于看见母亲和儿子之间的关系。母子之间的关系很特殊，父亲的任务是尊重这份关系。一位自信且内心平静的父亲看见自己的妻子和儿子之间的关系充满爱会非常高兴。作为成年人，他并不会因为看到这些而痛苦或为自己可能处于劣势而感到焦虑。儿子能够感受到父亲的珍视。这种感受能让他在复杂的关系网中感到安全。反过来，如果父亲出于嫉妒而去贬损母子之间的关系，儿子就会感到困惑不已。这时儿子就会觉得自己什么地方做错了，并且必须想办法让父亲高兴起来——这个要求对男孩而言太高了。

同样，母亲以什么样的眼光看待父子之间的关系也很重要。这种关系也是特殊的，它徘徊于融合与分离之间，包含了男性之间的竞争与认同，一会儿能达成一致、充满生机，一会儿划清界限、剑拔弩张，所有这些可能性对男孩而言都是有益且重要的。如果母亲能够带着爱与自豪看着她的两个"男人"，帮助他们建立关系并为关系注入活力，就能滋养父子之间的关系。虽然母亲有时候可能会有一丝惆怅，但她仍然不应该让儿子在离开她而转向父亲的时候陷入冲突。这就是儿子发展的规律，他虽然离开了母亲，但他还会再回来。母亲的任务就是允许父子之间的关系不断发展，尽量少插足，只是为他们而高兴（顺便说一句，她还可以充分利用这段自由时间做点儿自己喜欢的事）。

如果男孩因为与父亲的关系好而不得不去照顾失望、痛苦且感到屈辱的母亲，那么他很难得到好的发展。父亲投身其中，做儿子的玩伴，这样一来母亲也重新获得了自己的生活。对于那些照顾他人意愿很强烈的母亲，我们恐怕得小心地请她们后退。如果不加纠正的话，有些母亲会攥紧孩子，无时无刻不围绕其左右，不给儿子和父子关系留足够的空间。此时父亲如果能够努力和儿子建立关系，就会惊喜地发现一条走进妻子内心的路。如果父亲履行了自己的职责，母亲就不需要如此强势并且无处不在了。她也因此赢得了自己做妻子的时间。

当然，我们还要强调一点：男孩和他们的父母一样千姿百态。"母亲还爱另外一个人"和"父亲除了爱儿子之外还爱自己的妻子"这两件事所引起的痛苦对每个男孩的影响并不相同。所以在危机时刻还应该考虑一下男孩的具体情况。原则上，稳固并且可被感知到的父母关系对男孩的健康发育很重要。

家庭三角能造成这么重大的影响，也许我们马上就能听到反对意见和担忧：那单身母亲呢？事实上，处在这种情况下的很多男孩都很艰难——正因如此，父母在分手时要三思而后行。但如果已经分手的话，也要尽可能多地让男孩体验这种三角关系。有些男孩的母亲或父亲找到了新的伴侣，这些伴侣可以代替他们缺失的父母，让他们体验家庭三角。有些父母在分手之后仍然履行父母的职责，能够继续维持家庭三角。此外，有的男孩虽然没有家庭三角，但他们仍然找到了稳定且积极的性别认同（就像有的男孩，虽然父母非常相爱，他们还是找不到家庭三角一样）。但很多男孩也深感痛苦，并且表现出了一定的缺陷，然而他们可能会遇上好的治疗师，和他们一起面对自己人生经历中的缺陷并最终克服困难。

缺陷三角关系对男孩的影响

很多男孩根本无法看出他的父母是一对伴侣。这样一来,家庭三角的一条边就被"弱化"了。在很多家庭里,男孩感受不到父母之间的关系,或只能感受到很少一点儿。这时,小男孩觉得父亲或者母亲只一心扑在自己这个儿子身上,他们的眼中只有他,他们都只同他之间有关系。在这种情况下,显然无法建立三角关系,只能建立"V"形关系。只有当父母之间建立起关系之后,三角才能产生积极作用。如果只有"V"形关系,那就成了男孩一手牵着爸爸一手牵着妈妈。这样虽然很方便玩"小天使起飞"的游戏,但要想跳圆圈舞的话,还是得把整个圆封闭起来,形成有功能的三角。

三角中夫妻关系弱化可能还有其他原因:从母亲这边来看,可能母亲把所有的爱都给了儿子,所以逐渐疏远了丈夫;从父亲这边来看,在家庭成员数量不多的情况下,父亲很可能会被边缘化,而他自己也听之任之,逐渐放弃对家庭和伴侣的情感投入。也可能是,父亲在情感和关怀他人方面的不安很快就被母亲定性为无能或没有兴趣。众所周知,他们自己也有问题,因为不安和在情感上关怀他人与我们通常所见的男性形象完全不符。父亲们很巧妙地回避了这些可能造成不安的东西,然后他"嗖"地一下就跑掉了,不玩这个游戏。这时男孩感受到的是,家庭三角中所有良好的男性品质都弃自己而去,这太糟了!

那些在伴侣关系不稳定的家庭中长大的男孩会怎么样呢?他们将体会到不平衡的感觉。关系将会高度二元化,通常是单方面偏向母亲。这很棘手,母子间亲近与远离的游戏很难积极地进行。一个不得不成为母亲生活中心的男孩将变得尤为可怜。有些母亲会慢慢开始倾向于溺爱儿子，她们觉得自己有责任给儿子一切，补偿他一切缺失的东西。这样她们很容易就关心过头了，这对双方而言都有害，因为能量平衡被打破了。只要三角中的关系是"V"形的，就必然会造成父母之间的竞争关系：谁更好？谁对男孩而言更重要？儿子更爱谁？这很容易让人误解为"男性"和"女性"之间的冲突。在传统家庭中父亲很快就败下阵来，因为他平时在家的时间更少。而男孩在这场竞争中一定会蒙受损失，因为他的男子气概被贬低了。结果就会造成男孩严重的身份认同障碍和强烈的冲突。我们可能会在男孩的行为或其他障碍中看到端倪，造成这一后果的原因就是这种麻烦且令人不安的氛围，而这些不良表现常常出现在家庭以外。这样的男孩在外边的机构中显得与他人不一样的可能性更大，有时在幼儿园里显现，最晚也会在中小学出现。

　　如果父母之间的反馈受到干扰，男孩就无法体验到家庭三角或者他体验到的家庭三角不够稳定。他们听到的不是清晰的交流："我是简，你是泰山""我是泰山，你是简"，而是不清不楚的："我可能是泰山吧？你有可能是简吗？"如果男孩无法感受到任何对父亲男子气概充满爱的回应，在他们眼里就像感受不到对自己性别充满爱的回应一样。这样一来，他在身份认同上就欠缺了很重要的一部分，因而变得不稳定了。他没有机会去内化边界清晰、拥有能带来巨大喜悦的、真正男性化的父性，也失去了对自己男子气概的确定感。这样的男孩留在母亲的身边，而他们的母亲拒绝真正的分离，母子关系黏得出奇，常常是溺爱无比。这种必定会导致问题的关系将通过家庭三角产生更为深远的影响。处于这种情形下的男孩可能会回避依赖，因为他们不知道自己是否能再平安走出来。这将影响到他们的一切关系。

如果男孩在成长过程中没有体验并利用过家庭三角关系,如果母亲既不爱也不褒奖丈夫的男子气概,既不爱也不褒奖儿子的男子气概,那么男孩就无法成长为成熟的男性。这样的后果就是:男孩变成了乖宝宝,总想着讨好妈妈(今后就是讨好妻子了);或者变成了没用的"软骨头",无结构、无张力,非常"不男人",不管对男人还是对女人而言都没有吸引力;或者成为披着男子气概外皮的人,不允许任何人质疑自己,因为自身内在空洞无物。

现在许多男孩都无法真正地合群,这也与家庭中受损的夫妻关系有关。这样的男孩通常是设立边界和贬低他人的高手,让自己看上去独立自主,实际上只是无法对他人产生兴趣并与他人建立关系——不管是和其他男孩、老师、教练还是女孩。他们与周围人的关系极其含糊。然而这并不是男孩自己造成的,原因是父母作为伴侣退缩了,并且母亲在家庭三角中对父亲和儿子的男子气概回应不当。

作为单身母亲我怎么才能获得14岁儿子的信任?

对于儿子来讲,母亲有两个同等重要的作用:一方面她是家长,男孩少年时期的一项任务就是和家长之间建立边界,与家长的权力作斗争;另一方面,她是母亲。所以儿子对于母亲的感受是分裂的:亲近和疏离的愿望同时存在。只要这个阶段没过去,信任关系就很难建立。儿童时期的信任已经一去不复返了,可是母子之间还无法像两个成年人一样相处。对于儿子而言,首先需要的是设立边界和独立。母亲必须要忍耐他的儿子并不总是信任她这一点——因为她是母亲，不是女朋友。如果她能够挺过去，即使非常的痛苦但依然愿意和儿子保持联结，对儿子感兴趣，察觉他的成长，终有一天母子之间会建立起信任。

男孩与他人的关系——任务关系

男孩通常通过活动或完成某项任务来建立关系。比如有什么事情需要做、想完成或必须完成某项任务，他既可以独立完成，也可以和他人合作。通过共同做事、克服困难、完成任务，男孩之间能够产生联结与关系，他们互相理解，一些共同的东西悄然生长。

任务排在首要位置，关系随之产生并发展。我们可以把它称为"任务关系"。能够产生关系的任务和万千世界一样多种多样：搭积木，赢一场足球比赛，打电脑游戏通关，用精灵宝可梦卡牌战胜对手或在游戏厅把对手打出局。

通过这样的经历，很多男孩不断发展出自己的关系模式，他们有自己建立关系的原则。这并不只在现实生活中才有，在小说中也存在。再举个例子，男孩和喜欢的荧幕英雄形象之间的关系也是这样建立的：他们跟随着英雄形象，但并不站在英雄的对面，和英雄之间的关系并非平等而对立，他们把自己放在英雄的位置上，与英雄共同找到一条出路或完成一项任务。任务关系是"肩并肩"的关系，大家朝一个方向前进，并在前进的过程中产生关系。

任务关系也是处理事物过程中的关系。现在什么也不需要做，或者当男孩（今后的男人）们谈论（学校、工作或运动中的）任务、今后的责任、已经完成的事物、挑战、冒险、成败、英雄行径等的时候也会出现这种关系。男孩或男人们通过这种方式使其互相理解的程度常常大到令人惊讶。他们互相懂得彼此，感到彼此之间有关系、有联结。

女孩和成年女性一般很难理解这种形式的关系。这一点儿也不奇怪，因为她们之间的关系模式通常是与彼此有关的交谈关系。女孩之间的关系只有在交谈中才存在，而沉默是危险的，因为这表示关系中断。女性更倾向于采用"关系任务"：关系本身处于中心地位，关系本身就是大家需要完成的任务，其通常就是话题（"面对面的关系"）。这种模式在男孩中很少见，当然，还是存在的。

我们对这两种形式的关系不做任何评价：任务关系和关系任务一样，不会损害任何人，它们都是建立或维持关系的特殊形式（也许男性倾向于一种，而女性倾向于另一种）。如果大家的关系模式不同，就很可能出现误解。人们必须向男孩解释，原则上看，他们是能够理解的。对于成年女性和女孩而言，关系本身就是重要的任务。所以男孩最好能够想清楚，他是否和女孩有关系，或者他是否想和她有关系（反过来，女孩也最好能够弄明白男孩是怎么想的）。

在任务关系这种模式中，交谈本身对于关系没有决定作用，它只是信息的载体或者一种约定的方式，我们甚至可以把任务关系称为沉默关系。男孩并不需要通过一直交谈来保持关系，关系"自然就在那里"。所以对男孩而言，聊天并不是特别重要，只要在一起就够了，随便去哪里坐坐或者看看，关系一直在那儿。这只是好的一面，但也只是一方面。虽然聊天并不一定有益，但聊天也并不一定有害。行动的另一端是反馈：在做事之前、做事的过程中或做完以后交谈有助于把体验到的东西整合起来。如果不交谈的话，很多东西就丢失了，做的事情马上就被束之高阁，因为它只是留给自己看的。在交谈中对行动进行反馈是对任务关系的补充。

虽然男孩或男性倾向于建立任务关系，但也并不是绝对的，男孩也有可能发展出以关系为任务的模式，特别是在处理友情和爱情的时候，而且在工作中，强大的关系处理能力也有百利而无一害。男孩可以借助他人的指点来帮助自己发展，特别是混入男性的圈子。有时候父母的建议就能起到作用，比如某些"对关系的解释"。此外，任务关系也能在不把关系放在中心地位的情况下，协助增强男孩处理关系的能力。对于"关系中的男孩"这件事，我们的看法不是非此即彼的（不是任务关系就是关系任务）。我们的目标更在于"既……又……"。男孩可以进一步补充或发展任务关系，比如把关系任务更多地融入男孩和男人的生活。

第二章

Jungen Eine Gebrauchsanweisung

如何理解与应对男孩的攻击性

生理性别在受精卵形成并完成第一次分裂时就已经被决定了，因此，男性身份也是一种生理现象。躯体上的一些重要特征可以被当作决定性别的性征，如果一个新生儿有阴茎和睾丸，那么我们就可以说他是男孩。这很简单，连小孩子都知道。所以大家会去检查孩子是否具有这些性征，父母、助产士、医生都会在婴儿出生后搞清楚这一点。

　　从确定性别这一刻开始，就没有必要再去区分哪些东西是男孩自身带来的，即完全靠遗传获得的，哪些东西是通过他人与"作为男孩"的他的互动造成的。因为周围的人看到"阴茎"这个标志以后，马上就会有相应的反应。母亲、父亲、兄弟姐妹、祖父母、亲戚、邻居、朋友——所有人都想知道他是男孩还是女孩。这项性征的重要性早到在人们思考这个问题时就体现出来了：孩子出生时我该送点儿什么？一开始人们同男孩的交流只有一些细微的变化，但这些细微的变化也能对男孩的身体造成影响。男孩或者男人呈现出来的性别特征是由生理因素、社会因素（周围环境对待他的方式）和心理因素共同决定的。如果有人要问，这个混合体更多来自于先天还是后天，那他的出发点就错了。我们可以这么说，先天因素确实存在，但它根本没那么重要，因为存在无限的后天发展空间。

　　从时间上来看，男孩先"成为男性"然后"是男性"，这首先是一个生理上的问题。众所周知，在受精卵形成时，男孩和女孩之间就已经出现了生物学上的区别。男性胚胎的染色体组成中包含一条 X 染色体和一条 Y 染色体，男孩的性染色体组成为 XY，女孩的性染色体组成为

XX。从基因学上看,男孩和女孩的区别非常小,因为还有22条常染色体。但对于性别发育来说,起决定作用的还是性染色体。编码决定胚胎发育成男孩的 **SRY** 基因位于 Y 染色体上。**SRY** 是性别决定区域 Y 的缩写,能够决定胎儿的生理性别。

SRY 基因能够编码形成一种促使胚胎早期睾丸形成的物质。大概在母亲怀孕第 8 周,胎儿睾丸开始形成睾酮这种激素。睾酮调控男性身体发育,特别是生殖器官的发育。除了对生殖器官的发育有影响外,睾酮还对胎儿的大脑发育有影响。

男孩的攻击性是否与"睾酮"有关

睾酮是男女体内都有的一种激素。在男孩和男人的身体里,睾酮的主要合成部位是睾丸间质细胞。同时,肾上腺皮质中也有少量睾酮合成。睾酮在男孩和女孩身体中的作用并不完全相同,而且男孩和女孩体内的睾酮浓度也不同,男孩和男人体内睾酮含量约比女孩或女人高 10 倍。

睾酮 = 狂野和性欲强吗?

男孩(男人)体内睾酮水平比女孩(女人)高,这个发现部分促使人们提出一些大胆的猜想。值得注意的是,这些猜想常常显得十分极端:"男孩是这样的,女孩是那样的。"然而男孩之间在他们的男性身份上也存在巨大的差异，这些差异包括但绝不限于睾酮水平上的差异，然而，这一点却少有提及。睾酮这种物质似乎已经被人用科学方法证实了对性别有一定影响，但整个论证过程却疑点重重。目前能够证明的只有，睾酮是一种生理活性物质。

如今，我们在很多地方都能看到睾酮的魔法作用。从漫画演员到漫画形象中的原始人，再到科普书籍，它们都想让我们相信，男孩（男人）的命运完全掌握在睾酮的手里。在这样的假设下，睾酮这种激素就成了"长官"，控制着男人和男孩：生物学通过睾酮这种物质对男人实施独裁，决定他们的行为。这些当然毫无道理。睾酮也许是加在对男性身份激烈讨论这锅汤里的盐；如果没有盐的话，这锅汤就显得寡淡无味，可如果盐太多的话也是有害的。既然这样，我们最好不要太相信睾酮的"神奇作用"。

决定睾酮作用的并不只有它的合成量和在体内只能短暂存在的活性激素量，还有受体对睾酮的反应和身体对睾酮的耐受性。睾丸合成睾酮的速度并不恒定，而是时快时慢的，根据生物钟和年龄发育阶段的不同，睾酮的合成速度可能差别非常大。并不是每次这样的波动都能引起人格的改变，睾酮多一点也不至于把男孩击垮。身体对睾酮的调节更多在于调节自身对睾酮的耐受性，而不是去调节血液中睾酮的量。但长期睾酮水平过低却能对身体产生不利影响，比如使得阴茎发育不全（小阴茎）。当睾丸功能异常或大脑合成的能够刺激睾丸发育的激素太少时，就会出现体内睾酮水平过低。

男孩的攻击性多与维护地位有关

睾酮并不只作用于身体,它还作用于行为,这一点对于男孩身份而言特别有意义。这种激素的某些作用已经被证明,比如它可促进肌肉合成并让它保持在高活力水平;刺激大脑和肌肉,使肌肉收缩,并且使人的注意力转移到社会地位上,从而增强人的地位意识。在睾酮的这些作用下,男孩拥有更高的能量水平。睾酮同时也对社交行为有作用,它使得男孩对社会地位更感兴趣,也更重视社会地位,激励男孩竞争。在生命初期,睾酮可能会让男孩玩得更野或对某些形象更感兴趣,比如摩比人偶、骑士玩偶或乐高人偶,这些都是他们的"洋娃娃"。

如果我们和男孩一起生活或做男孩相关的工作的话,就必须考虑到,他们坐不住、看见什么都想动手摸以及什么都以地位为导向的做法在一定程度上是由身体决定的,他们希望得到的是他人的回应,而不是道德上的贬低。反过来讲,一切受睾酮影响的东西,都可以培养,从而达到社会可接受的程度。

小男孩喜欢抗争,喜欢寻找权力的标志,喜欢弄清楚谁更好、谁更强,并且在这个年龄段,一切都只能通过身体来表达,所有这些特性都与睾酮有关。然而这些特征远没有大家有时候听说的那样极端。男孩不会在睾酮的影响下变成战斗的机器,他们不会在面对周围的人和事时又聋又瞎。即使受到了睾酮的影响,他们的大脑仍然是活跃的。当然,人们还是可以看出睾酮在男孩身上所起的作用,但完全没有那么夸张。

在睾酮的作用下男孩精力充沛，喜欢打闹，对地位更感兴趣，所以，重要的是我们得理解睾酮是与体验和地位相关的激素，而不是造成男孩具有攻击性的激素！在这种激素的作用下，男孩的注意力更多集中在外界。他们渴求认可，不管是来自父亲的（他们也喜欢和父亲比较），还是来自于其他同龄男性玩伴的。男孩喜欢在这样的集体中获得良好的地位，喜欢在这个集体中有归属感；他们的身份、作为和能力应该是有意义的、重要的、有价值的。

我可以允许我儿子和别人打闹吗？

当然可以！如果他不喜欢和别人打闹的话，也可以。如果他很喜欢和别人打闹的话，这样做也有好处：他可以和其他男孩产生身体接触，确定地位并且能获得乐趣，锻炼了身体而且还不用花钱。当然不靠打闹也能达到这一效果，但打闹是一种很实用的、能锻炼男孩多种能力的方法。

打闹的前提是，要有公平的底线。在男孩打斗嬉闹之前，我们必须教会他们这一点。理想的情况是，男孩们自己会保证公平并确立规则。

公平的打闹最好偏向于嬉闹，应避免斗殴。随着年龄的增长，男孩对打闹的兴趣将逐渐转移到有规则的运动项目上，比如摔跤、拳击、巴西柔术都是男孩或成年男性很好的打斗形式。另外，有规则的"集体打斗"也能达到这一目的（比如手球、足球、橄榄球等，很幸运的是，有活力的打斗种类繁多）。

睾酮走的也不是一条单行道，虽然它在身体里起作用，并在一定程度上表现出来。但反过来，外界条件对睾酮的合成也有影响。比如，当男孩进入真正的男性竞争或受到侮辱时，体内睾酮水平就会升高。但这并不一定会发生，如果他感到"没必要把竞争对手当回事儿"的话，体内睾酮水平就不会提升或提升很少，他并不会进入战斗状态。只有他把遇到的问题看成真正的挑战时，睾酮水平才会升高。另外，生活环境也会影响体内睾酮水平，比如使用一些攻击性的物品——如武器，也能提高体内睾酮水平。以上因素都能刺激睾酮的合成，并最终表现在男孩的行为中。

然而，男孩受睾酮影响的每一个特征都具有多样性，并不是所有的男孩都狂野、精力旺盛、在意地位、争强好胜，哪怕在他们受到屈辱时；很多男孩对斗争、四处奔走和与他人比较没有特别的兴趣。男孩们不仅在可以测量的体内睾酮水平上有区别，而且他们对环境刺激的反应和在压力情况下的表现也各不相同。

> 狂野男孩必须要知道，并不是所有的男孩都像他这样。反过来，那些安静的、容易紧张的男孩也需要知道，有些狂野男孩精力比较旺盛，他们的身体需要他们这么做，来发泄掉过剩的精力。所有的男孩都应该允许自己和他人以各自独特的方式做男孩。这里需要男孩对性别有包容能力。

所以，成人世界的一项重要任务是，给他们提供合适的、恰当的选择，首先是家长，今后还需要幼儿园、中小学学校的配合，男孩在闲暇时间需要游乐场、体育社团。一方面我们需要满足男孩的需求；另一方面，我们也要支持男孩慢慢学会如何应对自己的能量。他们在亢奋的活动之后,也需要能够安静下来。这时他们也需要成年人的指导。

如何应对男孩的攻击性

带着被睾酮点燃的能量和他们的探索愿望,男孩渴望到外面,到开放的、未被探索过的、不确定的地方去看看。这些四处奔走的男孩需要规则。他们可以从父母或周围的成年人那里获得这些规则。这些成年人看着男孩,注意到他的行为,给他们反馈。成年人还应该为他们的安全负责,让他们能去探索世界,并在必要的时候给他们设立边界。这一点对大一点儿的男孩来说同样重要,只是这时的重点变了而已,即最重要的变成了参与、认可和真正感兴趣。

男孩不仅能从成年人那里得到规则,也能从同龄玩伴那里得到。随着年龄的增长,男孩和女孩越发喜欢和自己的同性伙伴一起玩。此时,男孩会和其他男孩一起玩,遵守规则。规则最容易以以下方式产生:通过归属和认同,通过身体接触(特别是狠狠的拳头),通过支持和帮助,通过共同完成任务和该过程中体验到的边界。如果男孩有能施展自己特长的空间或者有吸引自己注意力的事物就再好不过了,他们能在这里释放自己的精力,并且不断学习如何管理自己的精力。这些地方可以是社区儿童游乐场、游乐室、探险场地、鼓励身体活动的社团(特别是运动社团)或者以体验为主的男孩团体或协会(比如自然保护协会或探险协会）。

斗士型的男孩

有的男孩可能因为生物学因素、生活主题、人格结构或睾酮的影响变成了"斗士型的男孩"。在他们身上这些可能受到睾酮影响的特征，也可能受到了社会、心理因素的影响。这些男孩可能长期痴迷于骑士精神，对英雄形象、英雄故事感兴趣。这些男孩在今天显得与社会格格不入，人们几乎不愿意接纳这些斗士。有时，他们在体育运动中还有一点儿机会；体育竞技对于斗士们而言，常常只是一个"退而求其次"的选择。斗士在意的是真正的决斗。

我们可以为他们做点儿什么呢？争斗到底有什么意义？从社会挑战的角度来看，我们可能还是需要"好的斗士"的：那些愿意为正义、和平、经济或自由而奋斗的男孩和男人。因为斗士的身份很难得到他人的认可，所以这些斗士型的男孩很少长成真正的斗士型男人，因为在他们的儿童、少年时期，人们对他们的态度阻止他们继续朝这个方向发展，他们不得不放弃自己的幻想。一种更好的做法是，给他们的斗士精神提供良好的建议，比如通过有共同理想（自然保护）的男孩团体、好的"斗士"榜样（如罗宾汉），或者他们在进入真正的成年人的决斗之前，让他们接触其他竞技型艺术或竞技运动中的斗士。

由睾酮引起的强烈冲动在男孩四五岁或六岁时没有那么重要。这个年龄段中学到的东西最终能保留下来的只有狂野、四处奔跑、探索、发现新鲜事物、冒险、打斗、竞争——这些都很有趣,能够让人感到兴奋、彰显自己的成功,因为这样能得到别人对自己成绩的肯定,确立自己的地位。然而,这些表现是一系列因素相互作用的结果。我们不能把任何一种行为模式的原因归结为睾酮。生命中遇到的每一件事都只占一方面,另一方面在于我们如何面对它们:问题的关键并不在于男孩天生是什么样的,而在于他如何应对自己的身体条件。就算是男孩大脑中合成的物质,也会在与外界交流的过程中受到调控。男孩最好能够勇于扩大对未知世界的探索范围。为此,没有危险的自然环境与不算太小的社区儿童游乐场都是理想的选择。除了空间上的、身体上的自由体验,可供选择的还有充满幻想的精神活动,比如玩游戏、编造故事、读书和看童话故事。

不要把男孩的攻击性统统归为睾酮影响

"儿子的某项行为是睾酮造成的,并且无法改变",在您得出这样的结论之前,请再想一想:还有什么原因或社会因素能够解释他这种行为?或者再进一步:哪些行为根本无法用社会因素来解释?

睾酮虽然提高了人对社会地位的敏感性,但不能提升攻击性。枪支持有率会提高谋杀率，而睾酮水平并不能。有些动物通过攻击性来表达自己对社会地位的渴望。对于受过教育的人类而言，他们的社会地位并不能通过攻击性来巩固，而是需要通过支持社会的行为来巩固。所以，并不是激素带来了暴力，男孩并不会因为睾酮而变得暴力。在某个社会中，如果攻击性、敌意或者暴力能得到认可或欣赏，男孩就会学会用这种方式来提高或稳固自己的社会地位。

如果你的孩子被打了怎么办

男孩应该一早就明白：最好不要打斗。冲突可以通过其他方式来呈现，世界上还有其他的争斗方式，这也需要男孩去学习。并不是所有男孩都知道这一点，至少不是所有男孩都能遵守。那么，如果您的儿子被别人打了，您应该给他什么建议呢？

口头防卫：这里首先应该遵守"最好不要（马上）打回去"的原则。但还是要自卫，这一点很重要。可以通过语言并配合音量、表情和姿势来强调："住手！""放手！""不许打我，知道吗？"（如果有必要的话，和儿子一起练习几次。）口头上的防卫有时候能起作用，这样一来就把问题解决了。

威胁：如果口头防卫没有效果，那么就使用这一招："你要再敢碰我，我就揍你！"有时，如果我们只要威胁说我们将要采取制裁行动，就能起到作用。如果这样产生的震慑效果足够的话，我们就能防止矛盾升级。

打回去：那要是威胁没有效果呢？如果对方嘲笑我们，又继续打过来呢？那么此时就是"来真的"了。我们在威胁他人的时候，就必须做好行动的准备，要不然只会让自己显得可笑。如果威胁不能产生作用，那么为了保护自己，打回去就是有理的。

界限：这时也需要学习设立界限。输了的人应该放弃，这标志着打斗立即停止，这样一来输家就能受到保护（另一个人也不会因此遭到惩罚）。双方可以在任何时候求和或宣布打成平手，哪怕在打斗进行的过程中。就像其他冲突一样，近身搏斗也可以改期，并受到其他纪律的约束，或者因为其他的责任或义务而停止。

睾酮能够影响男孩存在于世界的方式。他周围的世界会对他做出反应，对他产生影响并参与影响他体内的睾酮水平。睾酮只能产生一种类型的冲动，男孩体内还有很多其他类型的冲动。每种生物学因素造成的影响都能在文化的影响下被重塑。（男性的）竞争只是部分"造成了"男孩体内睾酮水平较高的现象。在充满强攻击性、等级森严且尊卑有别的社会环境中，睾酮的特性和作用与在平等、放松的氛围中的不同。同样，男孩也可以根据环境的不同对自己的特性采取不同的态度，他可以选择更多地接受当下环境的影响，也可以选择不受当下环境的影响。

第三章

Jungen Eine Gebrauchsanweisung

如何培养男孩的共情能力

男孩大脑和女孩大脑并无明显差异

很长时间以来，人们都把男性大脑的大小当作男性是否善于思考的证据。现在大家都知道，大脑的容量其实并不重要。男性和女性的大脑有更多其他的解剖学区别。这些区别发现于过去的几十年间，人们可以借助电子计算机断层扫描（CT）清楚地看到这些区别。然而这些脑区的差别——就和脑的大小一样——并不能说明男女脑功能的不同。脑区的图像并不能显示男孩脑子里到底发生了什么，就像单看电脑的硬件并无法知晓其中正在运行的是什么软件一样。能够确定的是，从平均水平来看，男孩和女孩的脑"不一样"，但同性之间大脑的差异也很大。虽然在男性身上，主要负责空间感的顶叶面积平均比女性的大，但男性被试之间的差异比男性和女性之间的差异还要大。对于单独的某个男孩和他的人生来说，这种平均值根本没有任何意义。也就是说，如果您不知道您面前这个男孩的具体情况的话，"男孩的空间感平均水平强于女孩"这条信息对您来说毫无用处，站在您面前的男孩可能空间感极好，也可能空间感非常有限。

因为脑并不能独立行使功能，所以脑结构上存在性别差异的说服力也非常有限。另外，脑还受到心理和社会环境的影响（硬件－软件问题）。男孩和女孩的大脑有微小的差别，但这些差别在胚胎时期就开始出现了，因为不同水平的睾酮对大脑发育的影响不同。一般来说它会造成这样的结果：和女孩相比，男孩大脑发育的均衡程度更低，大脑更不协调，更容易走极端。也许正因为如此，男孩有时才会那么冲动。

性激素对男孩的思维也有影响：睾酮为思想指路。它的作用在于按照实际情况的不同，让思维聚焦于某些特定方面。睾酮能一定程度上降低思维的噪声。有趣的是，在男孩的脑中还存在交替作用：在睾酮的影响下，与环境联结的思维和行为被交替激活并达到兴奋。正如上面所说，暴力的环境会造成睾酮水平升高，这样一来，男孩身上就会出现更带有攻击性的行为。如果他们把这些和"男子气概"联系起来的话，这种"正常的"学习过程就会因为睾酮的作用而变得非常极端化——几乎等于把"男子气概"和"攻击性"捆绑在了一起。然而通过实践和经验（也包括冲突和斗争），男孩的大脑会学会这种关联并不是必需的，男孩可以在任何时候，自主地从"睾酮循环"中走出来。

比睾酮的影响更重要的一点在于：人类的大脑是一个可塑性非常强的器官。所以当男孩和女孩玩不同的东西时，他们的大脑也会因此产生性别差异。大脑的作用是学习新东西、整理所学到的东西并且在这些所学东西的基础上进行思考。如果男孩经常想或经常做某件事，并且认为这件事很好或做起来很有兴趣的话，大脑中就会形成与此相关的神经网络和通道，随着时间的流逝，这些通路变得越来越强。每一次大脑活动——哪怕是单侧的——都能形成神经通路，这些神经通路不断发展、丰富并变得更加稳定。这种现象的专业术语是"启动效应"。男孩的大脑是一种学习能力很强的、灵活的学习储存设备。经过多年的发展与更新，它的条理性变得更强。大脑朝什么方向发育，在很大程度上取决于外界的影响——当然，也部分因为外界环境能刺激雄性激素的合成！大脑中复杂而丰富的神经网络主要是在大脑皮质合成、达到稳定状态、重构或消退的。这个过程很大程度取决于到达大脑的体验和信息。同样重要的还有伴随体验的情绪状态，也就是当下体验到的东西"是什么感觉"。简而言之，这取决于大脑接收到的信息、当下的情绪状态和所采取的行动。

任何一种只用单侧大脑或限制大脑功能的行为对于男孩大脑的发育都是有害的。为了让大脑均衡发育，家长需要在男孩进入青春期之前就给他提供丰富多彩的刺激和体验。这样做能刺激另一侧大脑，避免只活动了单侧大脑的情况。对于男孩的大脑很重要、也很有优势的一个方法是让他们学习一种（能吸引他们的）乐器并鼓励他们经常练习，请帮助他们一直练习并持续到青春期结束以后。

电子游戏为何对男孩有难以抵挡的吸引力

男孩的大脑遵循用进废退的规律，练习得越多的地方发展得越快、变得更强，能形成更多的神经通路。这里所说的不仅仅包括那些意识层面的学习和练习（比如练字或学英语单词）。对于男孩来说，那些让他们着迷、让他们兴奋、富含男性特质的东西对他们学习男性身份更加有效，首先要提到的就是游戏和媒体世界。游戏常常会润物细无声似的暗示或传达出某些"男子气概"，这些东西慢慢刻入男孩的大脑。电脑或游戏机通常都讨男孩喜欢，因为它们能带来紧张刺激感和满足感。当男孩想象自己就是游戏中的人物，在游戏的世界里四处奔跑时，他们的脑中就会蹦出这些关键词：挑战、活动、紧张和兴奋。同时，为了地位而征战这一点也吸引着他们：与自己，与作为对手的电脑，与其他男孩。所以这些游戏对男孩的吸引力很大，它们能带来乐趣，制造刺激感，给予他们独一无二的体验并帮助他产生男子气概。就像其他让人痴迷并让人享乐的事情一样，这些游戏背后也暗藏着危险：它们只刺激了单侧大脑，只有单侧大脑进行了学习，从性别形成角度来说，也可能导致男孩成长为狭义的男性。

一位父亲的提问："可以允许我的儿子玩武器吗？"

玩真武器肯定不行！仿真武器也不行，因为太容易被他们当真。玩具枪可以玩。玩具武器指的是那些不会打出硬东西的武器，最多就是有点儿声音（水枪就属于玩具武器）。很多小男孩就喜欢这样的声音。另外一些男孩觉得这些声音能够缓解自己的焦虑，因为他们可以用声音震慑住他人。还有一些男孩着迷于武器，是因为这些能把自己带到有意思的游戏世界里。对于这些做法，我们完全没有必要反对。步枪、箭、弓、剑和手枪对于儿童来说都是男性世界的象征，有时也是权力的象征。如果这些东西对您的儿子很有吸引力，请让他玩吧。只是他必须明白，这些玩具武器可能会造成哪些伤害（比如对鼓膜、眼睛的伤害），平时要注意避免！也许他们还需要一些其他的规则，这样您才能同时保障自己的需求得到满足：

"不许打有玩具子弹的枪""不要对着我打"。

一般来说,男孩到了一定年龄——多数在青春期之前就不痴迷于枪了。如果您的儿子一直对武器感兴趣,那么也许他可以考虑考虑射箭运动或者参军?

顺便说一句,小时候玩玩具枪和长大犯罪没有任何关联。反过来,很多拒绝服兵役的男性小时候特别喜欢玩骑士、牛仔或者士兵玩偶,当然这些玩偶都是佩带了武器的。

男孩的共情能力一定比女孩差吗

请想象一下这样的场景:您的朋友和您一起在厨房里做饭,正在用刀切菜。结果一不小心,锋利的刀刃把朋友的手指切破了。您在想象的时候,身体上发生了什么变化?在想象的过程中身体和心理都很容易出现反应,我们感受到了些什么。真奇怪,您的朋友并没有受伤,单是想象一下就能让您有反应。负责共情和同情的是大脑中的镜像神经元。这些神经元天生就具备这样的功能,所以人类也是天生就有共情能力的。可是,就像其他技能一样,这种天生的能力也需要练习并进一步发展。因为其他人会与你共情,所以所有的孩子都需要这样的能力,他们需要有这样的感受才能让别人理解自己。

在这一点上男孩似乎略逊于女孩。如果男孩的男子气概没有得到理解和认可的话,共情的发展和练习就可能变得更加困难。比如男孩在生活中和他有关系的男性很少;或者父亲出于对同性恋的恐惧,和男孩故意保持距离。另外,和母亲、周围女性和幼儿园女老师等异性的距离也可能让他们感到困惑,这些女性可能把身体特征上的"不同"扩大到了男孩整个人的"不同",那么她们就很难和男孩共情了。这可能会妨碍男孩共情能力的训练与发展,也可能会妨碍镜像神经元的训练。所以,家长和抚育者就要留心保持自己对男孩的共情,包括自己感到很难产生共情的时候。

男孩在成长的过程中会慢慢获得共情的能力,但并不是说他们一旦获得了这种能力就永远不会再失去它。因为共情能力自己也会慢慢降低,因为荒废而消退。这时,镜像神经元的敏感性就降低了。比如,普通人单单是想象自己拿刀把别人切开就会觉得疼,而外科医生就没有这种共情感受。外科医生的镜像神经元敏感性降低,因为他们已经习惯了。在男孩长成男人的过程中,这种习惯的效应意义非凡:共情如果不经过练习,可能就会"生锈",甚至慢慢消退。在任何一场比赛或任何一种竞争中,同理心都可能阻碍成功;如果这次竞争对男性身份有很重要的意义的话,同理心就可能成为绊脚石。

所以,某些男性文化要求男人不能表达自己的同理心。同龄男孩之间最容易毫无掩饰地、直接地表达出他们的男性理想形象;而在媒体中,这种理想形象有时是公开表述的,有时则语焉不详。为了成为他们想象中真正的男人,为了练习硬汉行为,男孩必须慢慢丢掉自己的共情能力。当男孩贬低他人的时候,他们已经主动放弃了共情。极端情况下,他们会采用暴力来证明自己的"男子气概",而此时毫无同理心可言。

男孩如何处理竞争与共情的关系

男孩对竞争感兴趣,竞争对他们来说很有意义,同时也是一种接触他人的方式。所以我们需要对竞争做出限定,特别是通过榜样行为、反馈和启发来进行。这里我们要表达的意思是:在每一场积极的竞争中,参与者都应该保持联结,一直到竞争结束,即便到最后也不能贬低输家。

有共情的竞争要求做到公平。首先,各方要确定规则并严格遵守,明显的优势——比如更丰富的经验、更大的体重、更高的身高——必须在竞争开始之前就被平衡掉(比如让弱势方先开始或者允许弱势方有更多的队员)。这样一条经验准则能提高比赛的趣味性:每一方都有获胜的机会。很多男孩都倾向于在获胜之后陷入自己的伟大妄想之中,他们想把失败的一方"赶尽杀绝"。这时,其他男孩或成年人必须阻止这一举措。获胜的一方当然应该为自己感到骄傲并享受胜利的喜悦,这是胜利者应得的;但同时,他们也应当尊重并同情失败的一方:一位优秀的赢家应该感谢输家和自己一起进行了一场精彩的比赛。成年人可以很好地表达出这种尊重:"就算早就知道无法取得胜利,你还是坚持战斗到了最后一刻!""你在这场比赛中表现得特别公平,特别有涵养",这样的称赞能让"失败"随风而去。

最后还有一点很重要:并不是在每一场男孩的竞争中都必须把对方击败,世界上还有与时间的竞赛或与过去的自己的竞赛!

在谈到暴力这一主题时,男孩和男人的共情问题显得尤其有意思,也尤其危险。首先,被贬低和受排挤的感受能激发攻击性。社会隔离(贬低）、"丢掉同理心"的练习以及与他人隔离的组合会产生巨大的爆破力：如果攻击性与共情能力的下降或主动与他人隔离结合在一起的话，这个人离真正的暴力就不远了。此外，过度消费暴力电影、以暴力为导向的电脑游戏或游戏机也进一步促进了男孩共情能力的下降。这样一来，他们主动采取暴力的可能性就加大了。特别是含有暴力内容的电脑游戏和游戏机，它们能慢慢让人丧失对他人情感的敏感性。但两者之间的联系并不是必然的，比如，并不是"玩了射击游戏的人，以后就会变成枪手"。但这些游戏还是会对男孩产生影响，这种让人逐渐不敏感的过程是在潜意识中进行的，虽然游戏表面上呈现出来的是"正义"的主题（比如被绑匪威胁或者打击暴徒或纳粹）。因为镜像神经元的存在，所以男孩要尽可能少地接触暴力，我们一方面要支持男孩更多地练习共情，另一方面要用明确的规则阻止男孩忘记已经学会的共情。

如何提升男孩的感受能力

男孩对自己感受的感知能力和与自己情感世界的联结方式各不相同，他们的情商水平取决于他们是否现在或曾经有机会发展并训练自己的这项能力。如果您理解了男孩，就更容易与他们共情，您有和他们一样的感受并能帮助他们发展自己的感受能力。这也是您的男孩感到被接纳、被理解的前提。

共情和同情是解锁男孩感受能力的钥匙。感受的能力指的是，您的儿子在自己的感受中觉得很自在,他能应对自己的感受,也能表达自己的感受。为了能表达这些感受,男孩需要知道各种感受状态的名称并且能找到合适的表达方式,比如表情、手势、姿势、语调、音量等。能决定男孩感受能力大小的是,他周围的环境是否为他提供帮助、如何提供帮助。这里首先需要的是家长。认可、尊重和共情是男孩学习共情的基本条件。此外,男孩感受能力的大小还取决于他周围成年人情绪能力的发展程度。

所以,这就解释了为什么许多男孩的感受能力还有提升的空间。不是男孩"不会"感受,问题根本就不在男孩身上,更多在于男孩周围的人共情能力有限。对此,我们做了如下有关性别的思考。

• 如果母亲和其他女性与男孩疏离的话,她们就很难对男孩的感受进行反馈。她们的假设——男孩是"不一样的"——妨碍了她们的共情。当然,她永远无法知道男孩眼中的焦虑、不耐烦、嫉妒、愤怒或悲伤是什么样的,就像她不可能完全知道女孩或她的伴侣的感受一样。但人类的感受是共通的,所以女性仍然有可能与男孩共情,理解他的感受并作出反馈。妨碍或阻断这一过程的正是这个假设:男孩和我"不一样"。

• 过时的男孩或男性形象阻碍了父亲的共情,他不希望儿子是无能的弱者。此外,父亲和其他男人由于自身的成长经历,常常不太了解自己的感受世界。父亲有了这样的认识,要共情就很困难了。男性形象可以拥有的感受只占人类所有感受中很小的一部分,比如愤怒、伟大感或生气。而他们认为其他一些感受是不应该有的,比如羞耻、焦虑、悲伤或者无助,所以与男孩共情并指出他的感受,对很多男人来说都十分困难。

• 如果一群同龄男孩都没有太高的处理情感的能力，他们都以狭隘的男性形象为榜样，那他们就会互相影响。因为男孩们互相在同伴身上确认了自己的男子气概，他们可能因此慢慢失去了敏锐的感受力。这样还会形成一个循环：如果这群男孩在以后的人生中都没能遇到发展自己感受能力的机会的话，他们长大后就又会把这一模式传给他们的男孩。

安啦

"安啦"是一种带有积极意味的说法，一开始作为青少年用语，而现在已经成了大众所熟知的表达方式。

这种表达方式指的是一种非常闲散或自在、放松、自主或感到一切都在可控范围的感受或态度。如果您因为男孩们使用这个概念而生气或激动的话，那么，安啦！

在某些情况和心境下，男孩会特别依赖充满爱意的共情，此时他们觉得自己还很小，感到自己很悲惨，或者为自己的尴尬事而愧疚，感到焦虑、悲伤或想哭。而偏偏在这时，他们常常会体验到自己的这些感受不被接纳。因为这些感受与周围人对男孩和男人的想象不符。这种感觉很不舒服，所以最好躲远点儿，绝对不要共情！可是，就是女性也常常不喜欢男孩的这些情感，因为她们对男孩有其他的伟大幻想。所以，不管是男人还是女人，他们都会在防御反射下贬低男孩相应的感受："你难道不应该为此感到羞愧吗！"或者他们会取笑道："哈哈，真可爱，这个小家伙害臊啦！""所有人都在看你！"这些反应让男孩和自己的感受割裂开来。这些都属于降低男孩感受能力的过程。所以，父母真应该好好思考一下自己对男性的想象，不要无意中限制了男孩的感受世界。

如何提升男孩的共情能力

• 男孩需要能够充分发展自己潜能的养育环境，这样他们的大脑才能形成足够多的神经网络。

• 男孩需要练习共情的机会，比如为他人负责并从中体验到男性对他人的关怀。

• 许多男孩都需要活动腿脚和一项有目的性的任务。

• 男孩和女孩之间的差异应当被接纳。幼儿园或中小学校不应当认定"男孩的方式"就是差的。

• 男孩的一个重要目标就是学习应对自己的冲动，给自己的能量找到合适的宣泄通道，用合理的方式释放，其中也包括用社会允许的方式排解自己的攻击性。

• 很多男孩都是以名次为导向的，所以我们需要帮他们树立这样的目标：在竞争中获得乐趣，公平地竞争，竞争应该是让人感到愉快的。

• 好的竞争需要恰当的配重来保持平衡，比如团队精神、公平、联结、与队友和"对手"的关系，应当避免或者削弱带有敌意和攻击性的态度或想法。

• 有助于男孩成长的环境或氛围应该是团结而互相尊重的，而不是充满了不断的竞争。对男孩有帮助的是，避免或者减少接触带有攻击性的标志物。

与男孩共情的第一步很容易：许下您要共情的愿望！如果男人能够忘掉自己对男子气概的想象或者女人能够抛下自己的这种看法——她们和男孩不一样，所以没有什么共通之处——那么第二步就完成了。不然的话，就只能暂时什么也不做。因为共情的一个重要前提就是在场：待在那里，丢掉所有的评价、审判或道德标杆。放弃您想要立即帮忙并给建议的行为模式——就是待在那里，共情。如果您自己遇到了什么问题，请尽量避免反击、内疚和抱怨。

现在试着尽可能地从众多信息中找出"感受的部分"并把您共情到的部分告诉男孩，给他反馈：可以以陈述的形式表达，如果您不确定，也可以用提问的形式。说出男孩的感受并不总是那么容易的，有时候听上去也会有些矫情。原因是我们自己还不太习惯共情，或者还没有真正享受过共情。所以要找到适合您的方式，平时可以自己做些模拟练习，这样在真正的实践中才能做到游刃有余。

每个人都应该为自己的感受负责，而不是要求其他人负责：一个小男孩在幼儿园哭起来了，也许是因为送他来的爸爸走了。可男孩哭的真实原因并不是走掉的爸爸，而是自己需要爸爸留下，不然他会感到不安全、焦虑。而两天后，爸爸送儿子去幼儿园以后又走了。爸爸离开的方式和之前完全相同,但儿子却不哭了。因为他现在感觉很安全,所以不需要爸爸再留下来陪他了。或者某天他又哭了,因为另一个小男孩不给他玩具。那么原因同样要在他自己身上找,因为他想要这个玩具的愿望没能得到满足。

我们的感受与我们自身的需求紧密相连。当需求被满足时,感觉就会很好。如果需求没被满足,我们的感受就是消极的。共情的艺术就在于认识到这种关联并有能力说出来。"你生气了(感受),因为我不准你出去",这句话就没有扣准需求——未被满足的失望——这么说,仿佛该为这一感受负责的不是男孩,而是禁止他出去的人。"因为你还是很想和马克思出去玩",这样说就更合适。和需求联系起来,也指出了男孩感受的实际来源,让他为自己的感受负责——这同样是感受能力的一项要素。请您尽可能地试着同时看到感受和与感受相关的需求,并明确指出(可是,要想不矫揉造作地说出来却一点儿也不容易)。

示例:没有共情的对话

男孩:"饭怎么还没做好?"

父亲:"我从11:30开始就在厨房里忙了,还有几分钟才好。你不能因为这个就对我发脾气,用这种方式和我说话吧!"

儿子:"韦伯老师简直蠢得跟头猪似的!"

母亲:"哎,哎,不能这么说老师!"

儿子："今天我们把SVO3队的所有人打得满地找牙。"

父亲："你不应该这么贬低其他队的成员。小心别人马上把你们也打得落花流水！"

儿子："塞巴斯蒂安太差劲了！"

母亲："打个电话去吧，他人还是很好的！"

儿子："物理根本就是一坨屎！"

父亲："请不要说这种粗话！还有，你工作以后肯定离不开物理知识。"

示例：带有共情的对话

男孩："饭怎么还没做好？"

父亲："是不是因为你的肚子已经很饿了，想要马上吃饭，才这么生气？"

儿子："韦伯老师简直蠢得跟头猪似的！"

母亲："你生韦伯老师的气，是不是因为想让他真正地把你当回事？"

儿子："今天我们把SVO3队的所有人打得满地找牙。"

父亲："看上去这次胜利让你感到很高兴！你好像很满意，因为这次训练取得了成功，是吗？"

儿子："塞巴斯蒂安太差劲了！"

母亲："你是不是因为觉得他应该遵守约定、让大家能够信任他才生气的？"

儿子："物理根本就是一坨屎！"

父亲："你感到失望，因为你希望自己能更好地学习物理？"

儿子："不，我生气是因为要学这些我根本不感兴趣的东西！"

父亲："如果你不得不去做一些无聊的事情就会感到生气！"

儿子："是的！而且柏佛勒老师一点儿也不愿意去想想怎么让自己的课变得更有趣一点儿。"

父亲："老师没有像你希望的那样尊重你，所以你很生气？"

第四章

Jungen Eine Gebrauchsanweisung

"男孩样儿"从哪里来

我们通常说的"男孩样儿"在心理学里就是指"男子气概"。因为人类是社会性动物,所以在性别问题上也总是混杂着社会因素。这里的关键是以下几个问题:男孩生活和成长的社会环境对"男子气概"的定义是什么?这些男子气概是怎么影响男孩的,男孩的男性特质是什么样的?性别在我们的社会里非常重要,男孩必须去适应。只有这样,男孩才会被其他人接纳,才会被人认为是完整的。只有这样他才能在现在作为男孩、今后作为男人时行使自己的社会功能。

什么是"男孩样儿"

在我们的日常用语中,"男子气概"的意思模糊不明。所以我们需要花点儿时间解释一下它的含义。

有关男子气概的一些概念

"**男子气概**"这一概念指的是社会对男性这一性别的理想化认知,也就是男孩需要达成的目标;在某种程度上,也是男孩衡量自己男孩身份的标尺。男子气概的传达方式是隐秘的,它隐藏在日常生活中,想要理解它并不容易。对于男性的想象在我们日常生活中随处可见，比如在文化作品（童话、神话故事、谚语、文学、电影、音乐）以及其人物（国王、父亲、英雄）上、在商业媒体（电影、报纸、广告）之中。这些想象也同样在社会结构中被确定下来，特别是在权力结构和交流形式中。可是，我们应该如何理解"男性化"和"男子气概"呢？社会对于这一点却没有做出明确的规定，而且人们的看法是在不断变化的。五十年前还可以算是男性化的东西现在很可能已经过时了。况且一直存在多种男子气概的形式：因男孩成长的文化背景的不同而不同，因社会时代的不同而不同，因父母的教育背景和收入的不同而不同，因宗教背景的不同而不同。这些都显示出，男子气概是由社会造成的，是一种建构。所以男子气概是什么，根本无法确定。男子气概的一项重要要素是以获胜为目的的竞争，所以男子气概常常意味着自主、竞争以及争论。另外一种产生男子气概的模式是贬低他人以及同那些"不属于男性"的生活方式划清界限。

"对男性的刻板印象" 来源于社会对男性的定义："男人就是这样的""这些东西能把男性和女性区分开来"。"这些东西"指的是某些特征、领域以及个性，比如独立、活跃、决策能力、毅力、忍耐力。性别的刻板印象始终是与另一性别相对的，在这一点上，男女两性分别处于事物的两极。这些共同形成了人们对性别的基本认识。

"男性角色"：其实根本就不存在一种特定的"男性角色"，所谓的"男性角色"其实是对男孩（或男人）的期望，这些期望多种多样，比如，有较高地位的男孩可以做到的事就比那些处于劣势或边缘的男孩能做到的多。

最后，**"男孩身份"**是性别在男孩身上的体现形式：男孩是什么样的，他们作为男孩对事物是怎么理解的，是怎么表达自己的。男孩身份是个体与主观的，是某个或一部分男孩男性身份的个性化表现。他们的男孩身份可能部分符合男性的理想形象，也可能都不符合。

男孩接收到对男子气概的主流看法，有时候会再将其极端化。所以在男孩中间出现的诸如贬低他人、竞争或者吹嘘等现象比在女孩中出现得更频繁，女孩更多追寻的是经过整合的女性形象。就算男子气概的表现让我们觉得烦，它仍然给了我们一条重要提示：并不是（只有）男孩出了问题，而是男孩和男人需要遵循的原则出了问题。因为和过去一样，这些原则是以传统男性形象为导向的。他们需要在工作中保持独立（不受家庭影响）、随叫随到、全心投入、有执行力和竞争力，以及他们会因为渴望成功和地位而不断奋斗。人们对男孩的期望巨大，他们必须成功，因为今后他长成男人时，人们就会这么希望他。女孩虽然也会遇到这些情况，但她们的压力就要小一些，因为女孩在生存方式上有更多的选择，现代型（事业型）或传统型女性（家庭主妇和母亲）都是被社会接受和认可的。同时，女性原则上也可以拥有这些"男性化"特质。这么看来，男子气概和生理性别并没有必然的联系，这使得这个问题变得更加让人捉摸不透。不仅如此，人们还会通过多种多样的方式不断为男子气概注入新的含义。

关于男孩的男子气概还存在一个谣传：男子气概并非现成的，男孩必须形成自己的男子气概并不断证明他们的男子气概。这个谣传可能会给男孩带来焦虑：他们的性别有可能会消失，他们可能不是"男性"。这一方面让男孩和男人感到不安，另一方面又激励他们，鞭策他们努力奋进，好重新证明他们就是男性。当然这个谣传本身是毫无根据的。

如何成功地终止这一谣传带来的伤害呢？并不难。如果我们能够明白男孩或男人身份天生就"存在"的话，那么不仅是男孩，就连他的养育者也会从中获益。为了跳出这个陷阱，我们需要具体的方法：如何从积极的角度看待并帮助他们完善自己的男孩和男性身份，以及应该要求他们具备什么样的男孩和男性身份，同时不要重新陷入传统男性形象的谣传中。值得注意的是，很少有人对女孩和成年女人提出这样的问题。和女子气质相比，"男子气概"明显更多地被人拿来当做话题或遭受质疑。一项比较早的研究显示：人们能够不带任何质疑地承认女孩和成年女人的性别，却不能同样地承认男孩和成年男人的性别。男性无法理所当然、毫不费力地得到自己的性别身份。

性别在我们的社会中就这样存在着，受心理、社会、文化和生物学因素的多重影响。正因如此，男孩和男性身份也这样毫无疑问地存在着。它不断地更新与发展，总是以新的面貌呈现在大家面前。所以，男孩不需要特地做什么就能成为男性。要形成某种特定的男性品质或达成某种男性目标则是很累人的，男孩不可能不付出任何代价就轻松得到。而关键是：就算什么也不做，男子气概也不会消失。有了这个认识，男孩就可以长舒一口气了："你的男孩和男性身份就在那儿，不会消失，谁也不能把它从你身上收走。"

男孩如何学习"男孩样儿"

当然没有哪个男孩刚生下来几个月就会思考性别或男子气概;不管是男孩还是女孩,在人生之初都不知道自己的性别。他们本身就拥有自己的性别,无需对此多做思考。但到了一定的年纪,孩子也会开始给自己设立标杆,并出现分化。为此,他们的大脑具有一项很重要的功能:能认出某种结构并带着目标寻找某种特定的模式。在出生后第一年或第二年,孩子就能看出性别的模式。比如,当看到街上有人的时候,说话早的男孩能够讲出那个人是"叔叔"还是"阿姨"。男孩已经发现了性别的重要性。这样就又回到了这个情景:当我们听到哪家生了孩子或往婴儿车里面看的时候,首先提的问题可能就是:是男孩还是女孩?所以他很快就被灌输了性别有"两个"的概念。

孩子很快就会发现,这其中隐藏着一项任务:每个人都有一个性别,所有人都是有性别的。在这里没有表达出的指令是:"需要有性别!"性别的重要作用将通过明显的性别分配而被进一步强调。在游泳馆里,更衣室和淋浴间一定是男女分开的,同样,在公用厕所、玩具店和买衣服时也男女有别。这些区分又不断重新确认了男孩的感知。在这一学习的过程中,男孩关于性别的了解不断加深。同时,在语言中也藏着性别的影子。学说话时,男孩也会去适应他们的性别形象。所以,人们在字里行间隐藏了很多信息,比如人们会怎么谈论男孩和男人?男孩和男人怎么说话?他们说话时和女孩或女人说话时有什么不一样?

很快男孩就能自己归类了:我属于男性。然后他们就会模仿让他们特别感兴趣的男性模式，会去寻找性别的基本形式和联系。

人们对男孩的看法和男孩的性别结构都是很重要的东西。因为从理论上讲，人会变成他们在他人眼中的样子。成年人如何和孩子打交道、对他们做何种反应都取决于他们的性别。在男孩成长的过程中，性别结构就像一张细密的大网，罩在体验和关系之上。在众多观察成年人与婴儿互动的试验中，有一个试验给了我们很大的启示。在一个小组中，实验者让人们能够明显看出这个婴儿是个女孩。而在另一个小组里，实验者直接告诉大家这是个男孩。参与互动的人群提供给婴儿的玩具真的不同，分类的标准正是人们自己认定的婴儿性别。在"女孩"面前的成人给"她"更多关怀并且更多地陪伴"她"，而认为自己在和"男孩"（实际上还是那个婴儿）互动的成人则更倾向于给"他"躯体刺激并鼓励"他"多活动。

如果男孩一直被人用带着传统男子气概的眼光看待的话，他自己也会将这种眼光内化。他们会真的变得更有执行力、强势或好斗——因为这些因素与男孩心理学上的主题和身体发育情况相互影响。此外，性别视角在新时期还有更深层的影响。男孩越来越多地被人说成是"问题人群"，他们总是很奇怪，比不上女孩，先天上就有缺陷。人们把这些看法和男孩的男性身份联系了起来。如果人终将成为别人眼中的样子的话，那么，男孩就会采纳这些问题看法。

男孩会反复经历性别定向的时期，在这个时期，简化而明确的男子气概非常重要。他们似乎首先需要认识一位"是非分明的老师"，在他们允许男子气概中存在例外和灰色地带之前，他们需要严格区分黑与白。很多男孩首先会在幼儿园中经历这些。之后他们就明白了，他们的性别不会消失,也不可能被改变。在这个性别固化的时期,他们需要男性身份的概念。因为这是一项社会任务,所以男孩在这个年龄段对各种社会影响持开放态度,特别是对那些来自同龄的且有相似问题的男孩的影响。在这一时期,男孩特别感兴趣于男子气概的理想形象和在游戏中扮演具有男子气概的角色(海盗、骑士、牛仔、消防员、警察等)。

不要轻易给男孩扣"大男子主义"的帽子

当男孩特意表现出男子气概时,家长可能马上就想到"大男子主义者"或"男权"这些词了。大男子主义者指的是那些成天明显只表现男子气概行为的男孩或男人。这一概念指的是以下这类男性行为,并带有贬低意味:当男孩制造噪声、好斗或四处乱窜时,他们就是大男子主义者;当他们充满攻击性,想要让对方听自己的时,当他们向女孩献殷勤、生妈妈气或在女孩优先时大声抗议的时候,他们很快就会被人说成是大男子主义者。

男孩无法带着"大男子主义者"这个称呼和其隐含的批评继续前进。当然在该批评的时候还是得批评,比如当他们贬低他人的时候。但批评必须要具体,要让男孩理解到底什么行为是不好的。也就是说,不要对他们讲:"我不喜欢你的大男子主义行为",而是对他们讲:"我不想被你这样贬低!""我讨厌你骂这个女孩,不要让我再听到第二次!"

我们需要的是不带贬低的男性身份!也就是说:既不能贬低女性,也不能贬低其他形式的男性存在方式。同样,我们也想向女性表达这样的期望：就算不能理解，也请只是看看而不去干涉这种男性存在的方式——千万不要因为控制不住而去贬低他们。

男孩会在少年时期再次经历类似的情况。他们的性别身份进一步发展；过去所相信的、让男孩感到安全的男子气概慢慢消解。他们的参照物更多来自外界，此时同龄男孩变得更加重要。男孩又开始到外面寻找性别问题的答案，并且常常在简化的传统男性形象中找到，比如在他们的朋友身上，在电视、漫画、广告或者电子游戏中。男孩开始尝试转变他们对男子气概的理解，试着实践新的男子气概。只有等他们长大了才能真正消化理解这样的男子气概，甚至拒绝它。慢慢地，他们形成了自己稳定的男性形象，他们"重新找回了自己"，并形成了自己的男性人格。

父母如何引导

如果男孩表现出了一定的男子气概，那很好。他们展示了自我，这也是一种信任他人的表现："看看吧，我正在做这个，我正试着弄清楚自己的男性身份。"他们提出这样的问题："我这么做你会有什么反应？你看到我的男子气概了吗？"他们希望能从成年人那里得到回应。当然，他们想要的回应肯定不是任何抱怨和负面评价，而是一些对他们有用的反馈。

认可对男子气概的尝试

当您的儿子思考男子气概的时候,请关注他。另外,请不要贬低他,而是努力去理解他当前着迷于什么。我们并不要求您喜欢他的一切做法,如果您觉得他的某些地方很讨厌,让您很生气,您也可以表达出来——但是,请千万不要贬损他的男子气概。

并不是所有让人联想到传统男性形象的东西都应该被诅咒。男孩也需要一点儿男子气概的"乌托邦",以便更好地成长。就算男孩觉得自己很了不起或贬低了他人,我们也不应该对他进行攻击,和他"互相贬低"。

当今,男孩和男性身份的形成可以也必须更加个体化。在强大的人格面前,各种散在的对男子气概的要求和反对意见都会慢慢消解。但幸运的是,这些男子气概并不会消失,恰恰相反,人格发展更健全的男孩今后也能以一种稳定、平衡的方式"成为更好的男人"。他们更加均衡,并不会把某种刻板印象作为行为标杆,他们具有更多诸如自我安全感、良好执行力等优秀品质,并且不会固执于此或不知变通;此外,他们还更有同理心、更爱反思。可以说,更强大的人格能让男孩成为更好的男人!这个时候,其他男人能够给他们提供帮助,特别是他们的父亲。当然他们也需要其他的男人,而且男性数量也能起到作用,因为他们能够体验到各种各样的男性榜样。这样他们就会明白,男子气概可以有很多的存在形式。所以,男孩和男性身份可以是多种多样的,他们自己也可以选择发展最适合自己的男子气概。然而，并不是每个男孩都能自己学会这些，男孩离不开支持、激励和认可。所有和男孩一起生活、工作的人都有责任去允许、强调并支持男子气概的多样性。

为何"男性身份"认同会是一个问题？

★ 原因在于男性"供应不足"。在男孩的生活中，男性通常是稀缺的，男孩缺少与理想化男性形象相对的现实参照物。他们几乎没有机会，将这些形象与真正的男人进行比对，更没有机会知道严格按照男性理想形象去发展并不是那么重要。男孩缺乏一个与之相对的平衡物来平衡高高在上的男性理想形象。所以男子气概的理想形象成了一个问题。最令男孩着迷的是媒体中的男子气概，但那种男子气概常常高不可攀，普通人根本就不可能达到。而这些形象让男孩觉得不堪重负。

★ 世上并不只存在一种男性理想形象，而是有很多种。这些理想形象并不只是一种要求的不同表现（如"勇敢和有执行力"），而是相互矛盾的期望。男孩必须当"真正的男孩"：强壮、有活力、有执行力、有竞争力并且不断奋斗；另外一些理想形象要求他们完全不要像"传统男性"一样，而是要有社会性、能合作、有同理心并有沟通能力。男孩做决定时就会感到困惑不已，现在到底按照哪个来？

★ 社会对男性的态度已经发生了变化。在某些领域禁止高高在上的男子气概（比如在学校），在其他一些领域却又追捧男子气概的理想形象（比如在政治、经济领域）。男子气概的阴暗面（滥用权力、暴力）也同样被放到了聚光灯下，仿佛成为了绚烂夺目的男子气概。这一切对于男孩而言是一团混乱，令人捉摸不透。

男孩对自己男性身份的不确定，一部分可以归因于人们对男子气概理解的变化。不仅是男孩自身，养育男孩的人也需要弄清养育男孩和男孩发展的目标是什么——包括男性身份上的目标。实际上，对男孩身份持肯定、积极和认可态度的人非常少。我们缺乏合适的词汇在适当的时刻认可或描述"成功的"男孩行为方式。"好"的男孩应该被人珍视，人们应该更多地看到他成功的地方，而不是强迫他去符合人们对男子气概的幻想。没有哪个男孩是"天然的"，从未受到任何男子气概的影响。因为男孩是男性，而且也愿意继续当男性，所以他们必须具备男子气概，必须和男子气概打交道。他们需要一个为他们指明男子气概方向的人生导师，并不断地寻找。开放和放任自流的态度对他们的帮助不大，反而经常会把他们逼上通向传统男子气概形象的道路。如今，还有不少成年人喜欢用老传统来解决男孩缺乏男性指导这个问题。哪里有变化，哪里就有捍卫传统的人的"生意"。炒老传统的陈饭是一条简单的路，可惜却是一条错误的路。比起费力鼓吹过去的男子气概，还不如宣扬当代成功的男子气概形象。可惜这些当代成功的男子气概形象很不容易被我们找到。当人们在养育男孩的过程中遇到男孩或男性身份主题时，通常都是带着批判态度的，他们会认为那是一个有固定答案的问题。

在寻找"成功"男孩形象的过程中可能出现的一种错位看法是，如果"男子气概"比较少的话，就会变得像女人了，这些男孩必须认识到自己的"女性成分"。问题是，他们认为性别世界像过去的传统观念一样，是二元分裂的。仿佛存在"男性"和"女性"特质，虽然两种特质可以出现在同一个人身上，但某些特征仍然只属于一种性别。只要人们还继续认为传统的女性特质只属于女性，那么，就算男孩和男人也应该具有一些这样的特征，他们也不可能真正地把这些特征当成属于自己的特征。

当一个男孩伤心、焦虑或害羞时，当一个男人温柔的时候，人们不理解为什么男孩或男人展现这样的女性特质。柔软、受伤、焦虑、羞耻、悲伤、丧失、自卑、享受、快乐或者性的多样性并非就该属于女性，它们（也）属于男性——只要在男孩或男人身上出现了。男孩问，他们应该如何展现这些特质呢？只要某一特质被大家认为是"女性的"，他们就会感到有点儿困惑。所以，我们应该去掉对这些特质的归类。

灵活的平衡男孩模型

不管是传统的男子气概还是大家认为的女性特质都不能帮我们更好地理解当代的男子气概，也许我们能在当代的一些东西里找到答案。男孩和他们的养育者一定会问，当代的男性是什么样的？当代的总体指导思想是保持平衡，避免陷入混乱。平衡原则可能可以被当作努力的方向，用于指导男性身份的发展。这里可以使用"灵活的平衡男孩模型",它来源于我和同事冈特·纽鲍尔的研究。在该研究中,我们首先询问对男孩展开工作的成年人。从他们对男孩的描述中我们筛选出了一些能力领域。接下来我们又请男孩从他们自己的角度来补充这些领域,看看他们是怎么看待和描述自己的。结果得到了以下八对概念:

专注	:	融入
活动	:	沉思
表达	:	内省
(文化)疏离	:	(文化)联结
成绩	:	放松
异性社交	:	同性社交
冲突	:	保护
力量	:	界限

这十六个领域与男性的能力和潜能有关。每对概念都像对手一样,比如专注是聚焦在一点的能力,而融入则是融入外界丰富多彩的社会环境的能力。这些领域都是什么意思呢?

★ **专注**指的是收敛自己并把注意力集中在重要的事物上,集中在一个主题上或集中在自己身上。它包含了选择能力和识别能力,像一种"长焦镜"。而**融入**指的则是与之相反的,更开阔的眼光以及接纳自己和他人,即"广角镜"。

★ **活动**的意思是做些什么,也就是说主动发起并投入、处理,有活力;**沉思**指的是反思,在做事之前或之后进行思考,以及在行动中的想法。

★ **表达**指的是在他人面前表达或呈现自己是什么样的——不是一个空洞的躯壳,而是真实的人;**内省**的意思是认识自己、感觉自己、和自己待在一起以及和自己联结的能力,还有倾听自己内心声音的能力。

★ **疏离**指的是和规则、文化、传统保持距离,向前发展,不断进步或者虽然身在其中,却不受其扰,跳出束缚,是一种反抗的能力。**联结**指的却是能够遵守规定,能够在文化和传统中找到一席之地,能与之联结,遵守约定和法律,是一种容身于社会的能力。

★ **异性社交**指的是同异性(男孩和成年女人、女孩、女性伴侣和自己母亲)的关系以及异性友情;**同性社交**指的是和自己同性别的人(男孩和成年男人、其他男孩、父亲)之间的关系以及同性友情。

★ **冲突**指的是争执和斗争的能力,以及感受不同和冲突、忍耐争执和忍受不同的能力;而**保护**指的是保护自己的能力,即注意自我保护,并且也能保护他人,承担起保护自己和他人的责任。

★ **力量**这一能力指的是躯体和精神上的稳定与有力,也就是说在身体和性格上都具有能量和张力,在必要的时刻能够展示出来;**界限**指的是感受与尊重自己和他人界限的能力——既要懂得他人的完整性、身体界限、亲近和伤害的界限,也要能认识和接纳自己的界限、风险和生活的界限。

这一模型的好处在于,它没有造成男性和女性特质的对比,恰恰相反,所列出的特性都是"男性的"。该模型的另一优势在于,它并未否定这些特质的价值,它们都不是需要"除掉"的东西。如果能拥有其中某项能力当然很好,因为这显示出他已经具备了一种男性能力。然而只有当与之相对的特质也得到了足够的发展之后,这项特质才能真正起到作用。所以如果只聚焦于一对能力中的某一项,比如只拥有专注的能力没有太大的意义,因为只有当我也和他人建立联结以后,当我能够感受他人并让自己处于关系之中以后,我才能具备良好的社交能力。这么看来,专注需要与之相对的能力——融入。

我们这里提到了"平衡",但并没有任何要掩饰困难的意思。我们更多地是想要强调理解并平衡发展一组相对的男性能力,这样一来,男孩就能得到他们一直以来缺失的东西。把"成功的男孩身份"作为目标,意思是同时发展一组相对应的两个领域。更加形象地说,我们这一模型更多地是要看奶酪本身,而不是看奶酪中间的空洞。通过这一模型,我们无法为男人们起草一份全新的"参考形象"。我们做的工作更多强调的是不设立死板的统一标准,不陷入刻板印象,而是开放更多可变的空间。所以男孩也像模型本身一样是可变的、闪亮的、可以被进一步发展的。

在相对的两个领域中均衡发展并不只是对男孩的要求,这也是对所有养育男孩的成年人的要求。比如,当成年人要求男孩取得成绩的时候，也应该告诉他们还要放松。带着这个观点，家长和其他养育者就能够察觉男孩已经具备了哪些男子气概，并认可它们；同时他们也更容易发现男孩还在哪些领域里有发展的空间，从而为男孩的发展提供帮助。

第五章

Jungen Eine Gebrauchsanweisung

男孩的学业成绩与在校表现

学校在教育男孩时遇到了困难，而家长常常夹在中间。所以对于家长来说，重要的是要弄清男孩在学校到底经历了什么。

在学校里，首先男孩给大家的感觉是吃力的。其次，他们认为，男孩在学校学习中付出的努力远远不够。我们从这两种说法中就能看出，为什么男孩在学校里给人的印象不佳。关于教育程度的对比研究（PISA、IGLU）也证实：在涉及分数和成绩方面，男孩是学校里的失败者，他们的平均水平比女生差。男孩在学校里出问题有一系列原因，下面列出的只是其中很小一部分，而且我们只是粗略提及。总而言之，问题的关键在于：社会环境给男孩造成了什么影响，男孩就有什么感受。在很多男孩眼中，学校绝对是一个极端的社会，而这个社会无缘无故地抛弃了他们。

虽然学校对采取"关系任务"原则的女孩的要求也很高，但她们把自己从游戏、家庭和幼儿园获得的关系能力带进了学校，从小学开始就已经能不断为自己的能力添砖加瓦了。由于女孩更注重关系，她们更愿意合作，她们努力满足老师的期许。并且女孩对于地位和名次并没那么感兴趣。正好相反，她们把友谊、勤奋、适应同女性理想形象联系在一起。

男孩在学校中面临哪些困难

看完同龄女孩之后,老师很容易拿男孩和女孩进行比较:女孩遇到这样的情况就能处理!背后的意思是:男孩也应该像女孩一样讨人喜欢,努力适应学校的要求。但这对很多男孩而言都很困难,因为对他们来说,任务关系更加重要,单单这一点就能导致他们的困境。学校里很少涉及这种性质的关系:学校希望大家都是平等的面对面的关系,一个观点对另一个观点,而不是任务中的并肩作战关系。此外,男孩无法与无聊的任务建立任何关系,在他们的眼里,学校里那些干巴巴的练习题正是无聊的任务。他们在表达这些不满时比女孩更尖锐、更直接、更充满挑衅意味、更以地位为导向。很多男孩在自己的课余时间里也会优先安排其他事情。他们更喜欢和朋友们在开阔的场地上活动,而不是做单词练习或为了历史作业而学习到很晚。从社会和身体健康的角度来看,他们这样的排序是有积极意义的,但从学校成绩和成为被老师认可的好学生角度来看则显然不是。因此在和女孩相比较之后,男孩的形象就不那么好了。

当情况变得不那么理想时,男孩能很敏感地感觉到,他们变得躁动不安,他们变得冥顽不灵。

通常学校只需要做出一点儿小小的改变,就能变得更加适合男孩。比如在课堂上,让男孩讨论他们自己喜欢的话题。很多年龄较小的男孩喜欢漫画形象,漫画就是他们理想的绘本——可惜我们几乎不会把这种艺术作品运用到课堂教学中去。

学校里很多的认知式学习都无法引起男孩的兴趣，它们几乎不符合男孩对动手、活动和运动的需求。所以学校也需要增加这些方面的活动，但不要极端化（只有动手）。因为做得太少，活动得太少，所以很多男孩都只看到了学校的运动场，对课堂学习根本不重视。对男孩来说，学校中的社会事件（和其他男孩争高下、和其他老师起冲突）才是真正有意义的，这些都是有质量的体验！所以男孩的越轨行为也是可以理解的，因为他们很失望，想要自己动手的需求没有得到满足。

通常单是男孩表达不满的方式就足以让老师生气，所以老师们不接受男孩的批评，甚至误解男孩。挑衅、摩擦、反对和冲突也是一部分男孩接触他人和建立关系的一种方式——虽然通常都是一种不够成熟的方式（他们毕竟还是儿童或少年）。如果老师看不清这一点的话，就会出现关系问题：在男孩眼里，老师拒绝与自己建立联系，他们想要和权威建立联系的需求遭到了拒绝。结果男孩就会很生气，很受挫。

在男孩的眼里，不能满足学校的要求其实还有一些优势，比如他们在学校里遇到很多混杂情感因素的、生动而有意义的情形，男孩从中学到了很多对今后有用的东西。他们挑衅老师，被卷入与权威的冲突中，并且试着为自己辩护。如果顺利的话，他们在这些经历中成长，获得了对今后工作有益的能力——通过抗议，他们至少能得到一个还算能接受的结果。这种学习成果不容小觑，他们从中获得的益处很可能比从好成绩中获得的大得多。他们获得的这些能力在今后工作中真的有用：自信、精准定位、执行力、顽强、创造力（女性则常常在这些科目中"留级"）。男孩只有在"脱离"学校环境以后才能使用这些能力。然而，部分挑衅的男孩很可能无法继续前进。因为不合时宜的行为，他们遭到了惩罚。在学习表现相同的情况下，"坏男孩"比女孩得到的分数要低一些，他们也更不容易获得学校的推荐入学名额。

很多男孩在学校中出现的问题都与教职人员有关，与教师的素质和课程有关。所以我们的学校需要一些了解男孩不同年龄阶段特征的老师。这些老师必须有能力针对男孩（和女孩）的兴趣设计自己的课程。这并不是说以同样的方式对待所有的男孩，世界上并不只存在喧哗或惹人烦的男孩，我们也应该保护那些不引人注意的、安静的、内敛的或羞涩的男孩在课堂上的权利。男孩希望能在教师那里解惑，收获学习效果，体验适当的严厉和条理，教职员工可以做一根稳定的标杆。男孩不需要那些对情感非常敏感的教育者，那些想要讨学生喜欢的老师，他们需要的是有自己态度和观点的人。这些老师能在关系中做出回应，他们欣赏男孩。他们表达出自己的态度、观点。这些老师会被男学生们所接纳，有时候甚至深受男学生们的爱戴——而这正是因为他们不依靠学生对自己的爱戴而活。

为何集体生活让男孩压力重重

和他人一起的社会生活是复杂而费力的。群体的规模越大、结构越复杂，对男孩的要求就越高。无法胜任集体生活的男孩并不少见，特别是当他们不得不在拥挤的空间里待着的时候。无法胜任意味着压力，而这些压力都会在男孩身上有所表现,所以必须被化解掉。很多男孩,特别是年纪比较小的男孩会感到紧张,他们的紧张甚至会表现在躯体上。他们在教室里无法回避这种压力,一部分男孩在学校一直处于濒临崩溃的边缘。很多男孩会把自己的压力表现出来。他们首先感到不安,然后出现混乱,如果情况继续恶化下去的话,就会出现社交问题,而这种情况并不是个例。重要的是,我们要承认这些压力另有原因,男孩不应该为此负责。在这种情况下,男孩也有自己的需求。

集体的规模越大,男孩就越难弄清自己的位置,也很难获得和捍卫自己的地位。而为了感觉自身的存在,男孩必须在大集体里不断地引人注意,留下自己的印记。因为在这个集体中可能形成的关系太多,他们还不得不去处理这些复杂的关系。所以学校对男孩而言意味着长期的压力。

男孩把学校看作用来进行冲突、捍卫和争夺地位、争夺(常常不存在的)后方根据地和生存空间的竞技场。而教职人员对此却有着完全不同的理解,他们常常不明白男孩到底是怎么了,他们期待男孩有一天能够自己乖乖地适应并融入学校环境。但男学生数量的增加并不仅仅意味着潜在压力的增加,还意味着更大的地位竞争。无法被满足的期待在这群"原始人群"中爆发。这里适用的是丛林法则,谁强大谁说了算,所以会出现严重的阶级冲突,出现通过贬低和压迫他人而确立自己地位的情况。这一点儿也不美好,但却是男孩在社会和文化中获得地位的应急方案。

班级这个"马戏团"因此出现了巨大的张力,所以常常会上演"驯兽师教师"和"野兽男孩"之间的斗争。观众越多，男孩捣蛋的意义就越大。

地位丧失对男孩而言是一种巨大的威胁，后果常常是非常严重的。因此，成年人的劝导根本不起作用（"如果你真的愿意的话，你可以学得更好！"），家长的关心也没有任何作用（"儿子，我真的很担心你的前程……"）。这两种做法都不能让男孩听进去，他们仍然明知故犯——只要他们的地位没有得到改善。

男孩在学校的另一个压力因素在于：学校里要求男女混读，一同接受教育。女孩不管是在身体上还是心理上都比男孩更早进入青春期。从三年级或四年级开始，男孩就比不过女孩了，他们比女孩"慢"1~2年。但对这个年龄段的孩子而言，这已经是天大的差距，会让男孩感到不堪重负。因为男孩与女孩发育差距所造成的影响会存在很长一段时间。如果女孩在心理和身体上平均比男孩发育得快的话，男孩就会一直觉得自己处于劣势。这让男孩感到气馁，使他们变得更有攻击性或者促使他们通过贬低女孩来找到平衡。此外，那些感到不安全的男孩更倾向于通过采取和异性相反的做法来获得自己的性别认同。如果女性的形象通常是能够适应社会、勤奋、沟通能力强的话，那么在男孩眼中与之相反的男性身份最终得是什么样的呢？如果男性必须通过变得与女性不同才能存在的话，男孩就必须叛逆、乖张、沟通能力差且懒惰才能"像个男人"。

对很多男孩而言，要达到能够调节并控制这些困难和压力的程度，还有很长一段路要走。这种情况至少要持续到青春期，所以这些男孩需要足够的能力和安全感。培养能力和建立安全感是老师的责任,比如:通过明确的要求、通过教学内容的选择与精心准备、通过营造安全感和权威性、通过有效的规则和惩罚机制。还包括把某些年龄段的男孩从男女共同教育的制度中解放出来,分性别教育对男孩有好处。我们要的并不是权威式的养育模式,不是整天谈权力、服从、勤奋和纪律,而是给男孩创造有助于他们学习和发展的环境!

为何男孩们不在意学业成绩

"学校中的男孩"这一话题不应只局限于成绩问题。虽然在学校里肯定是要谈成绩的。在学校中取得成功,也就是说在学校"表现好"对这个年龄段的男生而言并不重要。这是一种很有趣的现象,这会影响男孩的学习成绩、平均分和毕业成绩。很多男孩没有动力去努力学习,其中有很多原因:

• 首先,努力和成绩对男孩而言不好玩。想要取得成绩就意味着要做出牺牲,小到在课堂上控制自己不和同桌玩游戏、不通过捣乱来确立自己的地位,也可以是更大层面上的牺牲:既然未来遥不可期,那么还是只看眼前吧。

• 如今这个消费型社会传达给男孩的信息是:男子气概、尊重或地位并不是在做出成绩之后获得的,用简单的方法就能得到——通过消费或拥有某种产品。一部分男孩很乐意相信这一人生信条,他们的人生目标就是尽情消费，而不是发展自己的潜能、完成阶层晋升或者为一项事业而奋斗。

• 在男孩眼里，靠努力、勤奋、专注、汗水和辛劳打拼出来的路并不是通往成功的路；他们认为成功是通过天赋获得的，他们觉得鸡窝里能轻易飞出金凤凰。他们宁愿相信"成绩源于灵感"，也不愿相信"成绩源于汗水"。有趣的是，男孩喜欢的荧幕形象正好支持了他们的这种态度，这个年龄段的男孩更喜欢"有趣的失败者"，特别是辛普森，而不是很有能力的"英雄"或勤奋而富有智慧的"问题解决者"。

• 那些自身努力并获得了成绩的男孩常常被他们的同龄人看不起。对于一部分男孩而言，"酷"比勤奋和纪律更重要。我们没有理由贬低"酷"本身，学校应该为此做出调整。如果这种成绩与其在同龄人中的地位不矛盾的话，男孩愿意去争取成绩，学校应该鼓励这一点。成绩好也可以很"酷"。学校应该培养男孩，让他们秉持这种观点，而不是去贬低"酷"。

• 在大家面前展现自己的独立自主对很多男孩都很重要。他们通过不听大人的话，来为自己树立男性自主权的威望。这份荣耀也包括做一个乖张、不听大人指挥的小淘气。这并不只是那些冥顽不灵的男孩的问题，那些比较"听话"的男孩也喜欢看捣蛋鬼们跳上擂台，挑战老师，甚至击败他们。这其中也混杂了代际问题和权威问题，因为等到男孩进入青春期晚期，等这些问题都被解决以后，他们自己就开始主动追求成绩并且动力十足了。

• 在男孩追求成绩的行动中，总能看到他们当前男子气概形象的影子。成功和社会地位高在哪里都被看作男性的标志。在很多男性公众人物身上，成功和个人贡献并没有必然联系：企业高管和足球明星的收入就无法用个人贡献来解释，或者没有办法真正和其他类型的贡献作比较。一些男孩暗下决心，成为那些没有实际贡献却成功而富有的人中的一员，如果不能靠运气或天赋成功的话，紧急情况下也可以走歪门邪道。

- 如果男孩在现实中觉得自己的职业没有盼头，他们就会非常苦恼，因为他们的人生出路只有一条，即成功、富有（"那我就和一个有钱人结婚"，这条路在男孩身上行不通）。如果在现实生活中没有盼头，他们关于力量、成功、富有或权力的男性伟大妄想就无法在现实生活中扎根。这又进一步增加了男孩本就很大的成功压力。有些干脆就自我放弃了，他们拒绝学习，从而让自己免于压力。另外一些男孩开始自吹自擂或者变得物质，让自己显得很强大，从而掩盖自己内心的弱小、无助以及失败。

- 被男孩当作努力方向的榜样中还有一种特殊形式的男子气概。许多男孩崇拜"痞子形象"，例如说唱歌手或其他爱作乱，甚至反复触犯法律的问题男孩。很明显，这些人不会在放学后乖乖坐下来学单词。

- 还有一个有关男子气概的问题就是，社会和各种机构并没有能力让男孩明白他们作为男人是被需要的，以及他们为什么被人需要。男人（也）很重要，他们"作为男人"也被人需要，这份理所当然在男孩那里已经荡然无存，或者至少部分消失了。要是男孩无缘无故地认为自己作为男孩没什么用，或者今后作为男人没什么用，那么他们是否能取得成绩就完全无关紧要了。而对未来没有希望会严重破坏他们的动力。

- 男孩身边始终存在一些很有吸引力的事物，阻挠他们为取得成绩而付出努力。特别是现在课余时间越来越少（全天上课、家庭作业等），所以那些有吸引力的事物的竞争力就越发强了。赢得胜利的常常是媒体、电视，能让男孩痴迷的还有游戏机和电脑游戏。如果这些设备放在男孩房间的话，通常都会成为他们学习的阻碍，所以需要给男孩设立清晰的规则和边界。

- 另一些男孩不愿为成绩而努力的原因在于他们自己的逃避行为。男子气概的理想形象对成绩的要求很高，如果他们缺乏对现实男性的体验，就无法把要求降到现实情况可以达到的水平，即进行"缓冲"。结果男孩所理解的要求就成了必须特别优秀才行，所以他们采取了逃避行为，逃避因为无法满足自己的要求或他们所理解的别人对他们的要求而出现的失望。当他们发现自己已经很努力了，但还是只能达到中游水平，就会感到非常痛苦。"如果我不努力，如果我不给自己定什么目标，那么我就不会因为达不到目标而失望了。"这里面隐含着自我理想化或成为世界第一的幻想（伟大妄想）。这些男孩坚信自己一旦努力，就会很优秀："只要我愿意，只要我稍微努力一下，我就肯定会成为天才学生！"他们拒绝面对现实。除了精神因素之外，这种态度的背后还有一层原因，即传统男子气概形象是与伟大联系在一起的。所以男孩通过伟大妄想把自己变得有了些许男子气概。一个尚未崭露头角的天才，这种自我形象怎么都比一个已经被证实了的普通人强多了。虽然这种逃避是可以理解的，但我们仍然会为他们感到悲哀，因为他们也许就体验不到亲手做成某件事的喜悦和自豪了。

- 最后，男孩无法逃避的还有在学校里被打分和评价的体验。如果男孩已经很努力了，但结果（和女孩比起来）还是很令人失望的话，男孩很容易就会认命："我反正也没有机会得到认可或变得优秀。"有些男孩把这种不成功的体验转化为他们眼中的成功体验。他们会努力向反方向努力："既然我没有机会当第一名，那我应该还有机会当倒数第一名吧！"

男孩们有太多理由不去满足那些对成绩的期待。反过来，想鼓励他们为成绩而努力，却没有任何简单的办法。为了避免男孩产生消极的态度，最重要的是，我们得留意他们从小学到青春期早期的需求。调动他们积极性的先决条件是，他们曾经取得成功并体验过努力是能带来成效的。所以家长和学校必须多沟通、多协作，了解男孩需求，共同激发男孩的潜能。

如果您的儿子对取得成绩没有兴趣，这在某种程度上是正常的——特别是在他们马上进入青春期的时候。因为现实中常常存在一些阻碍他们取得成绩的原因。这些障碍使得他们很难自己下定决心为取得成绩而拼搏（甚至使得他们主动向相反的方向努力），请试着和他一起清除这些障碍。压力、惩罚与赞扬、奖励或者金钱刺激一样，通常只能带来短期的效果。好好引导、对他和他的发现感兴趣、支持他们，这比专讲大道理的作用要大得多。如果您感到孩子的问题是学校造成的，那么请参与解决。有时学校需要做一些改进，才能更好地给男孩提供支持。但也请考虑到，您的男孩在学校里表现出来的样子可能和家里完全不同——通常不会是更勤奋的样子。

第六章

Jungen Eine Gebrauchsanweisung

养育男孩的 10 条指南

本书要探寻的是：男孩到底需要什么？以及同样，父母到底需要什么？筋疲力尽、不堪重负或被烦到不行的父母并不是男孩的良好相处对象，请您也关心一下您自己。这10条指南并不是要来给父母增添负担的，而是给父母们提供支持。提醒您不要把目标定得太高，在能力范围内尽可能做好——这就是所谓的"刚刚好"。

在这一章中，我们将转换视角。这章的主题包括：您在养育男孩的过程中如何管理自己的冲动，什么样的态度能支持您和您的儿子，您如何与儿子度过日常生活中的每一天。现在开始进入实践部分。

第1条：不要轻易给男孩贴标签

在现代的性别观念里，女性"一切都可以"。相反，对于男性的看法则更倾向于以传统男性形象为导向，固着于男性的刻板印象。标志性的现象随处可见，例如穿着打扮，女性可以穿裤子、半身裙、连衣裙，而男性只能穿裤子。可见，相较于女性，我们对男性的观念在很多方面都更狭隘和有限。

当您能够感受并观察男孩本来的样子，您就能看见更多男孩和男性形象的可能性。这样您就跳出了那些关于男性的过时观念的束缚。男孩之间各不相同，每一个男孩自身也是有多面性的。如果您面对男孩时能够保持开放态度，您就能感受到他真实的存在，并允许他成为自己本来的样子。

这种带着开放态度的感知使您更容易不带任何期望和成见地接纳男孩。这样一来，不管是您还是男孩都能感受到你们之间的一种联结，这种联结的感觉是无条件的。请忘掉您已经表达出来的和还没表达出的对男孩的期望。他已经长成了自己的样子，请您试着不去改造他，观察他现在的模样，并试着去爱他本来的样子。

每个男孩从一生下来就拥有一件很有价值的东西——他们自己。当然，他也一定会得到进一步发展。他能够感受身边的事物，并把它添加到自己身上。但一直很重要的是他本来有什么，他是什么样的人、什么样的男性、什么样的男孩。诚然，还有一些东西也非常重要，比如他得到了什么，人们给他提供了什么，或者再具体一点儿：您为他提供了什么，他想从您身上得到什么——这一切都意义重大。只是在整个过程中，您的儿子一直需要您无条件地接纳他本身，这样他才能成为他本来的样子。

作为社会性动物，人类有适应能力并且愿意去适应。每个人（也）都终将会变成别人眼中的样子，这样他才能得到一点儿认同，可同时又不得不失掉一点儿自己的本来面目。男孩身上的每一张标签都是一小块儿"人造品"。在您看透男孩之前，对您和他都很关键的是，他天生的东西（比如他的存在方式和天赋），应当被接纳。您认可了他，您重视他并向他传递了这样的信息——您和他之间关系的本质是充满爱意的尊重。这为他提供了他所需要的外部依靠。

男孩感受到的应该是和善并充满爱意的情感，而不是控制或管束。

他并不是谁的私人物品,谁也不应该强迫他接受任何东西,包括个性、榜样。您眼中看到的应该是这个男孩现在是什么样,而不是您对他成就的期望,以及与其他人比较后的批评、不信任或怀疑。

最后,建议所有人经常向自己提这个问题:"他是什么样的人",尤其是对那些每天与您生活在一起并且您自认为非常了解的人。请不要以为自己永远知道儿子是个什么样的人,他总是在变化,您自己、您的知识、您的态度和您的感受也同样在不停地发生变化。您对儿子的每一个新感知都可能带来新认识或新答案:"啊,原来你是这样的人!"对男孩的感知会不断带给您对男孩的新发现。请准备好接受男孩带来的惊喜吧!在感知男孩的过程中,请反复问自己:他现在想在我面前表现什么?我怎么看待他?

对男孩保持好奇心

开放并愿意去感知的态度需要一条基本特质,那就是您的好奇心:您想认识这个男孩和他的世界!您想理解他怎么看待这个世界,怎么在这个世界中行动和存在,他给这个世界带来了什么,他如何参与改变这个世界,他从这个世界中得到了什么。请尽量不要去干预这种感知,不要给感知到的东西下定义,更不要作评价。要像这样说:"我看见马克思把玩具警车放在地上开来开去,我听见他学发动机的声音,他把车开进了停车场。"而不是:"马克思在玩小汽车。"而且,绝不能像这样说:"马克思又在玩他的破车。"或者我们可以这样说:"我看见马克思坐在自己的床上,他正在看漫画书。空气中弥漫着烤蛋糕的气味,我看见地上放着他的体操鞋。马克思微微一笑，我听见他说'砰'，现在他轻轻地笑着，翻开下一页，书滑下去了，他把书捡起来。"而不是："马克思在看书。"记住绝不能说："马克思又在偷懒，他什么也没干。"

通过单纯地感知他的各种感官，您可以学会更好地理解男孩。即使您已经认识他很久，也很了解他了，可在从童年到少年时期的飞速发展过程中，您的儿子每天都在发生变化，可以说他每天呈现在您面前的都是全新的面貌。

这种观点非常重要。只要您还和儿子住在一起，就请不断重新询问他：你是一个什么样的人？这样您就会让自己和儿子都免受狭隘的男性标签的限制。毋庸置疑的是，他是男性。但他是什么样的男性呢？这非常有意思。您向他开放了发展成各种各样的男性的可能性，这样男孩就会变成某种类型的男性，但不是人们刻板印象中的那种男性；他们会变成由自己的人格特质填充而成的男性，而不是符合社会成见的男性，也不会变成一副转印画。感知男孩意味着同时看到他的性别和个性：既看到他作为男性的男孩身份，又看到他的个体性。您见过两个长得完全一模一样的人吗？世上根本就不存在这样的两个人。同样，两个完全一样的男孩也不存在。就算男孩们有一些共同特征，但他们每个人都是独一无二的。在和男孩接触的过程中，很重要的一点是允许并承认他们的特殊性。

带着这种开放与觉察的态度，您授予了男孩重要的许可证：他可以做他本来的样子！他可以按照自己的样子去做"男性"。你这样做没有错——这既是前提，也是基础。这当然也适用于所有人，但由于男孩常常不能正确看待自己，所以尤其需要您这样的态度。如果您能够觉察他并给他提供宽松环境的话，男孩就更容易接纳自己本来的样子、自己的男性化生活与心理发展方式。如果您帮助了现在的男孩，那他今后能更好地认识并接纳自己。

如果您觉察到了他身上可爱的、新鲜的、美好的、成熟的或个性化的东西，请为此感到高兴，但也请接受男孩和您不同的地方以及和您的期望有出入的地方。当然，他还有继续发展的潜能和空间。他们身上总是会不断出现我们不喜欢或需要加以限制的行为。就像他天生就存在的需求一样，他的样子、他独立于世的方式也是自然就在那里的，并且都是合理的。我们很可能对男孩长成的样子一点儿也不满意，我们常常不得不再进行校正或干预。但这并没有违背我们的基本态度：男孩可以做他本来的样子。

如果一个男孩对外界不感兴趣且懒散的话，他完全可以继续这么生活——只是必须完成分配给自己的基本任务。一个有很强攻击性的男孩也可以照自己的样子生活下去，他的攻击性没有任何问题；如果你不喜欢他表达自己攻击性的方式的话，就应该设立界限并帮他寻找到其他的表达方式。关键是进行有关攻击性的教育，而不是认为攻击性本身就是"坏"的或者是应该"去掉"的。

带着这样的态度，您会不断重新认识男孩并且和他保持联结。您能获得一些他的想法或感受，哪怕他并不总是告诉您；您能够更容易地评估他的处境、他的情况以及他是否被"卡"在什么地方了。因为觉察男孩也包括看到问题。通常情况下，如果什么地方进展得不顺利，您是能够感觉到的。男孩会发出信号，这通常发生在男孩能够自己说出问题所在之前。这些信号可以是挫败感、退缩、学业成绩差、爱挑衅或争强好胜、爱搞破坏、故意毁坏物品或使用暴力。

对自己保持觉察

在努力觉察男孩的同时，您也在学着认识自己，您喜欢的事物、欣赏的事物能为您提供有关自己的信息；您和自己有积极的联结并且能够在孩子面前表现出满满的爱与接纳。而且，男孩让您感到讨厌或愤怒的地方也很值得注意。因为这些地方常常正是大人做得不纯粹的地方，您不喜欢自己的地方或自己感到有困难的地方。从性别角度来看，这与男孩的男子气概有关。通过对男孩的觉察，您能够与自己的体验、自我形象和对男子气概的想象产生联结。您获得了一次很好的机会，能够处理、适应、更新或继续发展这些方面。这样一来，您的男孩帮助您联结上了自己过去没看到的一面。

父亲觉得这和自己的性别有关联，母亲发现这与另外一种性别有关联，特别是那些缺乏这种联结的男女最能从中获益。但您不能让儿子来消化您自己的这些东西，您更不能在他面前"发泄"。这些都是您的过去，和您的儿子一点儿关系都没有——他只是帮助您和这些过往联结上了而已。特别是男人，您很难允许儿子做自己当年被禁止做的事。但请您仍然去尝试一下。因为您对儿子的态度也是一种对自己的态度：我就是这样的人，我可以做这样的男人或女人，我有资格接纳自己。

每当要整理房间的时候,约纳塔就会生气。他的爸爸马丁完全无法忍受这一点,马上就会发火,威胁要惩罚他或者自己气鼓鼓地收拾这些玩具。后来有一次又需要收拾玩具的时候,马丁仔细地观察了儿子:约纳塔很生气,抱怨自己必须要收拾自己好不容易搭建起来的玩具世界;他宁愿所有的东西都能这样堆着。马丁发现,对自己来说,乱七八糟、没有收拾一点儿也不"男人"。男人应该有结构性、有条理性,把一切事物都打理得井井有条——就像他在工作中的表现一样。经过仔细思考之后,马丁逐渐能够接受约纳塔和自己不一样,男人可以井井有条,也可以没有收拾。

给孩子无条件的认可

父母需要传递给儿子的信息是:"你本来的样子和关于你的一切都是受欢迎的,是被人爱的。"这种态度叫做"认可"。这远远超过了表扬,这是原始的接纳。通过这种接纳,人们能够感受到生在这个世上真好。认可是全人类都在追求的东西,所有人都希望在自己生活的环境里得到认可。感受到认可是美好的,它会让人变得更有魅力、更强大,让人备受鼓舞。没有认可会让人缺乏被爱的安全感以及全然爱自己的能力。

男孩的性别发展也需要这样的认可。他想要体验到的是无条件的爱和认可,即"自由自在"。但很多男孩在现实中得到的却是带有条件的爱:"如果你朝着我喜欢的、不会让我感到不安的男性形象发展,我就喜欢你。"或者反过来,他们得到的是带条件的否定:"我完全不喜欢你的(或你这种）男子气概！"

那些得到认可太少或只能得到有条件的认可的男孩，总是在不断努力吸引别人的注意力。他们常常追着那些不愿意给他认可的人不放。所以他们无法开放地接受新的刺激，看看世上还有什么其他值得探索的东西。认可能够帮助男孩成长，帮助他们在世上找到自己的一席之地。如果得到的认可太少，人就容易倾向于贬低、蔑视他人，毫不在意他人。

认可自查

★ 我今天支持了谁？

★ 我今天让谁感到幸福？

★ 我今天保护了谁？

★ 我在什么地方有好的体验？

★ 今天什么事情启发了我？

★ 我今天是如何展现自己的潜能的？

★ 我今天认可了谁？

★ 今天我被谁认可了？

如果长期缺乏认可，那大脑就会敲响警钟，它会开始启动"应急程序"。缺乏认可会激活"原始"脑——这部分脑不能再在后天得到培养。类似的应急反应有三种：逃跑、惊呆（装死反射）和战斗。在这种程序模式下，男孩会盲目地为自己而战，没有任何伦理和道德底线。缺乏认可能够解释某些被拒绝后的男孩的反应。反过来，真正的认可能解决很多男孩给我们造成的麻烦。

第 2 条：先弄清自己对男孩的认识

我们头脑里一定已经有一些关于性别的想象了。这些想象根植于我们的脑海中，但我们可能并没有意识到，或没有对它做更多的思考。这些想象很早就出现了，会陪伴我们终生。它们固着在我们的大脑中。如果您对男孩或男人应有的样子有自己的想象，那么这再正常不过了。困难的是，您还要带着自己的这些画面，以父母或养育者的身份站在男孩面前。因为您脑海中的画面会传递给这个男孩，所以您无可避免地参与"制造了他的性别"。这一过程并不仅限于传统男子气概形象，您也可以这样影响男孩：引导他们发展出广义的、更加平衡的男性形象。反过来，如果您觉得男孩身份问题很多或特别危险的话，或者您自己在男子气概方面感到困惑或不安的话，您也会使得您的儿子对男子气概感到不安。

性别试验

您想体验下适应某一性别有多困难吗？如果是的话，您可以试试下面这个性别试验：

★ 如果您是女性，请让一位男性给您展示一下男人是怎么行事的；请试着按照男人的方式行事，让您的男性学伴检查您展示得是否正确。

★ 如果您是男性，请让一位女性给您展示一下女人是怎么行事的；请试着按照女人的方式行事，让您的女性学伴检查您展示得是否正确。

★ 请不断练习，直到您能够正确模仿为止。您体验到了什么？请注意：行事方式只是性别行为中很小的一部分。建议：想要得到更多的启发，可以在团体里试一试——也许在下一次的家长会上试试。

在性别定向时期，男孩需要也希望能看到男性形象。他们听见了人们对他们的要求："有性别，做男人"，他们希望能够进一步体验。负面的男性形象，如"所有和男性有关的东西都是糟糕的"，帮不上男孩什么忙；而诸如"所有和男性有关的东西都非常棒"这类理想化看法也没有什么用。此外，过于狭隘的观点也会造成问题，比如"你是个男孩，你必须踢足球，因为真正的男孩都爱踢球！"。

您对男性的看法虽然很重要，但也只是众多影响因素中的一个——这样一来，您终于可以稍微松一口气了。人们会发现，从上幼儿园开始，同龄男孩就会在男性形象上表现得非常一致。可是，如果我们今天问一名成年男性，他的男子气概源于何处。我们得到的答案通常都是来自父亲或母亲。作为家长，您给男孩的性别身份奠定了基础。

建议

★ 在您和儿子一起去玩具店的时候，观察一下您的儿子：他的兴趣在哪里？您对于他的和您的男子气概形象有什么体验？

★ 您的儿子更愿意和妈妈一起去女厕所还是和爸爸一起去男厕所？游泳馆的更衣室和淋浴间是男女分开的，遇到这种情况，您是怎么处理的呢？

★ 您的儿子喜欢异装吗？如果是的话，他喜欢穿女孩的衣服还是喜欢化妆？这让您感到困惑吗？您有什么感受？

如果您在肯定儿子男子气概方面没有困难，那很好；更好的是，您在肯定时是有意识的。如果您能意识到自己对男子气概有什么样的想象，就会更有帮助。这样您就能协助儿子找到方向：在理想状况下，男子气概形象就像一张地图，他能在这张地图上找到自己的人生之路。未经推敲的理想化男子气概形象之下隐藏了一定的危险——如果您抱着这样的想象不放，您就有可能妨碍儿子的成长，或者您在他面前编造了一套现实中根本不存在的东西。

男孩能依靠自己敏锐的触角感受到您对他男子气概的反应，并将其内化为自己的一部分。每当他感受到正面的评价后，就会进一步确认自己的行为，然后他会告诉自己这是"对的"，请"继续"！因为这会让父母高兴，他们会喜欢他，这样一来他的目的就达到了。但他也可能为了讨好父母而过度地发展这一行为。这样的话，他会离自身的感受越来越远。反过来，如果男孩感受到什么异议，他就会在内心悄悄改正。因为，男孩认为拒绝就是禁止他们继续这样：你最好按照我的喜好来改变你自己。然而这并不能为男子气概的良好发育奠定稳定的基础。

寻找理想化男性过程中的问题

★ 我喜欢我周围的男人身上的什么？
★ 哪些男性在"做男人"方面让我喜欢？
★ 在每个男人身上我具体喜欢的点是什么？
★ 一个成年男人必须具备的三项最重要的品质是什么？

描述您心中的"理想男性"

所以关键是，把自己对男子气概的认识引入意识层面。为此我们需要大把的注意力，还需要很多用于反思的时间。请不要在思考男子气概形象时，抱着刻板印象不放。刻板印象是那些能够影响我们看法的成见，总是把一类人和另一类人分离开。我们自己理想中的男子气概可能与男性刻板印象完全不同：按照人们的刻板印象，男性话不多，就算要说话，也是基于事实层面的；而您理想中的男性形象却可能是爱讲故事的，爱告诉大家自己正在做什么的。在人们的刻板印象中，男人也不常笑，自嘲更不可能；可在很多人眼里，幽默感正是男人不可或缺的品质。因此，男子气概的要素是：男性的与理想化的。

寻找男性榜样

在榜样身上，您可以很容易地看到自己眼中的"好男人"是什么样的！假设您可以为自己的儿子选择男性榜样，您会想到谁？请不要选荧幕形象（那些只是虚拟形象，他们是片面的，或只反映出了一部分形象）。您希望谁能够成为儿子男子气概的榜样：您身边的哪位男性或者您认识的哪位男性？在您眼中，这个男人或这些男人身上有哪些"好的男子气概"？试着将您眼中的榜样品质用词语描述出来。

通常情况下，理想化的形象是通过与反面形象的对比而形成的："我喜欢那些没有性别歧视的男人。"如果您在描述的过程中用到了否定的描述，那么很重要的是，去寻找那个恰当的肯定的词语：如果男子气概不是这样的话，它又应该是什么样的呢？换句话说，比如当男人没有性别歧视的行为时，也许您会想到这样的男人在谈论女孩和成年女人时带着珍视的态度！这个词语就是对您眼中男子气概特质的描述：珍视女性！

请您现在就开始寻找。这并不是随便花一刻钟就能找到的，这是一项长期工程。请努力开始探寻您眼中的男子气概形象。在这个过程中，您的伴侣可以作为很好的对象。请您尽量开放、不加掩饰地寻找。有些东西可能会让您感到尴尬，有些可能会让您发笑。您理想中的男子气概形象的每一面都有您的经历作为背景，都有一个原因。如果某次您父亲的哭泣让您感到尴尬的话，那么哭泣的男人很可能就和您眼中的男子气概不符。

找到自己心目中的男子气概形象并把它引入意识层面，并不是说一定要从一件大事中进行寻找。我们也可以从一些很小的事情中去寻找，比如当我们从某些琐事中挖掘出了一些隐含的东西，就像刻入脑海中的铭文，有一天被您重新发现，仿佛被尘埃掩埋的大理石板重见光日了一般。那么问题来了：您会不会把所有这些名言警句都设立为儿子奋斗的目标？

人生处处都可能遇到某些事，它们能够让您与自己对男子气概的想象联结起来。特别是当您能够把男孩的行为以及相关的形象同您自身感受联结起来时，您就找对了。快乐、骄傲、焦虑、愤怒、爱、羞耻，它们正是那些正确路标——在您看到男孩和男人行为时出现的，指向您自身男子气概形象的路标。和男孩在一起的日常为您提供了丰富的认识男子气概的可能性。如果您留心观察的话，您就会发现许多情况都和男子气概问题相关：

- 那个坐在高脚凳上嘟嘟脸的小男孩？是的，有男子气概就是要健康、营养好、鲜嫩水灵！这是男性健康的表现。
- 当家长看到自己儿子阴茎的时候，常常会想：它是不是够大？这里隐藏的男子气概形象是：性能力、身体素质。"我儿子和其他男孩比起来一点儿不逊色。"

- 裤子脏脏、膝盖摔破的男孩才是"真正的"男孩：他狂野不羁，喜欢冒险；同时我们也可能会非常担心他们进行过多的冒险。
- 对于那些能够好好保护自己的男孩，我们会在心里想：这个胆小鬼，长大了会成什么样子？这还像个男人吗？
- 如果一个男孩瘦得跟猴似的，我们马上就会担心，这个男孩没法捍卫自己，他可能在逆境中没有执行力，他可能会遭到其他男孩的排挤或欺凌。简而言之，他可能得不到稳定的地位，只能被其他男孩主导。
- 也许您会为那些"小泼猴"感到骄傲，就是那些胆子大的、那些什么都敢干、什么都敢试试、把自己弄得很邋遢、骑着自行车到处跑、拿着滑板或滑雪板玩各种花样的男孩？
- 我们怎样才能在那些喜欢沉思、喜欢翻字典或喜欢坐在电视机前打发时间的男孩身上找到男子气概呢？
- 是什么导致您的儿子更喜欢独处，而不是和一群男孩一起玩？或者什么让他喜欢和一群女孩一起玩？

您眼前的这些场景展现出了您对男孩或成年男人的想象，以及您对儿子某些行为方式和特征是否足够男性化的评价。

父亲的男性形象

孩子们很早就有了对男性形象的想象，无论是男孩还是女孩。这些想象常常和自己的父亲非常相近。就算父亲缺席也没有影响，这时，男孩们可能觉得父亲就意味着分开的、未知的或死去的。

如果您想弄清自己的男子气概形象，您的父亲对您而言就会非常重要：他可能是积极的榜样，作为"真男人的"范本，也可能是反面教材；或者像在绝大多数情况中一样，他还可以是男性多面性的融合体。

不管您遇到的是哪种情况，都可以带上男子气概的眼镜来观察一下自己的父亲：

★ 他是什么样的男人？

★ 在您的童年时期，他表现出了哪些不同的男子气概形象？

★ 您欣赏父亲什么地方？

★ 关于男人"应该"是什么样的，他向您传达了什么信息？

★ 您感觉您的父亲在哪些地方和这些形象相符？

★ 他在哪些地方表现得和这些"理想中的"男子气概形象不符？

★ 对他来说，哪些男子气概原则很重要，不管有没有用语言表达出来？

★ "作为丈夫"的他和"作为妻子"的您的母亲之间的关系是什么样的？

★ 他和"作为孩子"的您之间的关系怎么样呢？

积极、良好的男性形象与刻板印象无关

请把您想象的理想男性形象的这些画面和名言警句放在眼前认真观察。仔细想想它们的本质对于幸福的男孩或成年男人的生活是否真正重要。如果是,那么请开始把这些画面当作自己的榜样。如果不是,那么就请将它们"厚葬"。一旦您意识到,这些画面只在您的脑中有效,您就不会认为它们是绝对的真理或不可违背了。这样您才可以放宽你内心正常的接纳标准:男子气概可以是这样的,也可以是那样的,另外那种也没问题。

在接触和评价这些男子气概形象时,您需要弄清两件事:一是这些都只是画面。这些都是想象、愿景,也许都是些典型化的形象。这些画面和现实生活没什么太大的关系:一幅风景画只是一幅画,而和风景本身没什么关系。二是,这些画面只是您自己的。您的儿子又是一代人,他们玩不同的玩具、听不一样的音乐、有不一样的朋友,或许还生活在不一样的城市,和您小时候的经济状况也不同,他们长成了另外一副样子,并且对男子气概有其他不一样的设想。他脑海中的男孩或男性形象怎么可能和您的一模一样?您有您的,他也有他自己的。两个人脑中的画面都是后来产生的,凭什么您的就是对的、他的就是错的呢?当您意识到自己脑海中的男子气概形象以后,您就可以允许男孩按照他自己的方式、按照他的男子气概形象做男孩。您可以在这个过程中给他指路:"就做你自己这样的男人。"

为了不带有成见和刻板印象地看待男子气概形象,我们需要掌握一些其他的积极的男性形象。如今,我们可以如何描述良好的男性形象呢?

不要拘泥于刻板印象，得选取积极的男性特征和能力，这些特征和能力与传统的男性强势形象没有关系：

• 可靠——人们可以信任他；

• 关怀——他能够照顾他人和自己；

• 幽默——他会大笑，喜欢开玩笑，他没太把自己当回事，有时也会自嘲；

• 严肃认真——他能够感知什么时候需要严肃认真，比如面对自己的冲突、问题或周围人的担忧时；

• 执行力和执行意愿——他知道自己想要什么，并且能为之付出；

• 照顾自己——他能够照顾自己，照顾自己的身体、友情，他知道打理自己，穿着得体并且有自己的个性；

• 亲切——他全情投入，他能够共情；

• 毅力——如果遇到了重要的事，他能够坚持不懈，纪律严明，追随自己的目标；

• 谦逊——他很谦和，并不总想着让自己显得很重要，并且不因为要做的事情微不足道而为自己愤愤不平，能够接受自己的局限性，也能承认女孩和成年女性的能力；

• 明确——能够切中要害，下明确的指令，做出明确的陈述；

• 强度和忍耐力——他有内在的力量、强度和稳定性，他能够扛事儿，不是弱不禁风的小草，必要的时候能够忍辱负重；

- 自控能力——他能掌控自己,不会失控,哪怕在高压下也不会迷失自己;

- 平衡——他能在与自己和与他人的关系上保持平衡,有健康的自我;

- 自我评价——他知道自己会什么,并且也知道自己不会什么,他能认识到自己的短处和焦虑点;

- 探索精神——他对万物感兴趣,喜欢寻根溯源;

- 先驱精神——如果有未知领域,他勇于前去探索;

- 做事有头有尾——他如果想做什么事,就会一路坚持到底(这些事也包括家务事);

- 有感知力——他能够感知,能够倾听;

- 沟通能力——他能够建立关系,能够帮助他人,自己也能从中获得收获。

第3条:给男孩足够的陪伴时间

无需质疑,所有孩子都需要父母给予一定的陪伴时间。我们总以为成年人可以在男孩身上少花一点儿时间,这一方面源于我们的成见,源于那些我们强加给男孩的男性形象,而实际上这些形象只是自己头脑中才有的——孤独的斗士、天才的发明家、寂寞的牛仔。并且,请求关怀、帮助或支持也与传统的男子气概形象不符。所以为满足这些男子气概形象的要求，男孩必须随着年纪的增长，逐渐"忘记"这些请求。男孩们通常喜欢的玩耍方式也强化了这一印象：他们仿佛不需要父母花时间陪——他们看上去更享受自己独处或单独玩玩具的时光。有时，如果他们正好遇到了关系矛盾这个问题，他们甚至会回避关系。等他们上了小学或者更大一些，男孩的行为就会常常让人觉得他们更不需要父母了，他们喜欢用对外界的兴趣、对课余时间的紧凑安排和对同伴的偏好来宣示自己的独立。

这样一来，人们很容易就觉得男孩不再需要或不再像以前一样需要父母的陪伴了。但事实并不是这样的，这些表象完全掩盖住了男孩需要父母的事实！所以我们需要时刻牢记：得留一些时间全心全意地陪伴男孩。这里也要请您注意平衡：男孩同时需要自己的时间——他们需要不被人打扰的时间。

一旦您和儿子待在一起，就会产生一些特别的东西：行动和活动的空间、做任务的空间、交换与关系的空间。这些不仅限于一起去做什么，也可以指放松的、无计划的、空想的、闲散的或"随随便便四处游荡"的时光。重要的是质量，像我们在度假时一样。请您也刻意留一些交谈的时间，可以问问："嗯，最近怎么样啊？"或者来一句："我想给你提个醒了。"

如果男孩还不识字的话，另外一个重要时刻就是讲故事时间。请多花点儿时间在上面！很重要的是爸爸也要参与到讲故事中来，您是男孩的阅读榜样。在分开了一整天以后，共同的阅读体验能够很快拉近你们的距离，制造交流与亲密感。当无法读书时，比如在长距离开车的过程中，如果能够通过讲故事来丰富这段时光也是很好的。许多男孩都喜欢听编的故事和传记故事，特别是关于男人的："爸爸经历过什么？他曾经到哪里历险？"，而不应该总是讲英雄故事（有些父亲有这样的倾向），虽然有时候也可以讲，但应该更多地讲讲那些最终成就您的亲身体验。

日常陪伴时间和特别陪伴时间

如今，人们常感觉花些时间已经变成了一件奢侈的事。如果您留出专门的时间来陪孩子，算是给他送了一份珍贵的礼物。这对您而言也是有特殊意义的，因为它和物质礼物不同，这份礼物需要的并不只是一个短暂的送出动作。送时间是需要花时间的，而这也正是其难点所在。因为绝大多数人的时间都非常紧张。但反过来看，您的儿子只会和您一起生活数年，这段时间过得非常快。这时他需要占用您的时间，但渐渐地，他会走自己的路——以后陪您和接受您关爱的时间会越来越少。如果到那时您不想后悔，感叹自己"当初"怎么没花时间陪他，那么不妨从今天开始尽可能多花点时间陪他。

日常陪伴时间和特别陪伴时间相互补充，因为这两者对男孩来说都有价值、都很重要：

• 融入日常生活的陪伴时间可以根据情况随时开始，随时结束。如果可以的话，请尽量这样安排您的日常生活，为临时出现的陪伴时间创造可能。如果日常专门陪他的时间有保障，男孩就会产生确定感。

- 此外，您还需要给儿子留一些特别陪伴时间。比如经常一起去做什么事，如运动、文化娱乐、购物等。还包括那些非常特别的时刻，比如一年一度的家庭活动、体验日活动或共同听音乐会——这些安排也应该是可靠、有保障的，只是间隔的时间长一些而已。

请不要只是短暂地陪他一次，而是尽可能频繁和规律地陪伴他。这里所说的"尽可能"指的是，在您实际情况允许的范围内。如果您的生活已经被各种责任、义务和事务安排填得满满当当，最简单的方法就是规律地预留出陪他的时间，并记入日程表。您的计划很重要，您儿子也同样重要，他也需要时间上的确定感和结构化的安排。

通过反复出现的、规律的陪伴时间或某种固定的仪式，男孩能够逐渐建立起安全感：您每天午休时预留给他的时间；您下班回家后；或者儿子上床睡觉前的半小时；或者在读完睡前故事之后，坐在床沿讲讲话；每个不上班的周五下午固定1小时。您要做的是让儿子能够信赖您。所以，请您严格遵守约定，保障陪伴时间的规律性。同时这能很好地证明您的儿子对您很重要。如果您不得不爽约，并且真的没有其他的办法了——虽然这偶尔可能会发生，但绝对不能经常发生，这时可以和您的孩子谈谈，向他解释，并且试着找到一个合适的补偿方法。只要他还没有满16岁，您绝对不能轻易地在他生日那天安排别的什么事情。

如果有兄弟姐妹的话，大家一起玩耍的时间当然是美好而重要的。但这样一来，男孩独有的陪伴时间就更少得可怜了。当您在安排陪伴孩子的时间时，请一定要考虑留出一点儿专门陪他的时间（对其他孩子也应如此）；这段时间有它独特的性质和必要性，能够帮助减少孩子们共同玩耍时产生的争执并帮助缓解压力。

日常生活中的这些日常陪伴时间和特殊陪伴时间很重要，就算男孩自己没有时间参加。随着年龄的增长，这种现象会出现得越来越频繁。您不需要因此而哀叹，只要您给儿子留出了时间就行了——按照您的实际情况尽可能地固定下这些时间。您可以想想他，想想您和他之间，思考一下他现在正在做什么，他遇到了哪些问题。如果他某次愿意加入了，您就突然获得了与他的共同时间。如果他没时间，也许您可以做点儿别的什么。

我给孩子的陪伴足够好吗

您和孩子一起度过的时间由两个方面的因素决定。一方面是时间的数量：您花了多少时间陪孩子？另一方面是时间的质量：您陪他时发生了什么？这里有几个问题，可以帮您更好地陪伴男孩——请尽量诚实地作答：

• 今天、昨天、过去一周，您花了多少时间陪男孩？您感觉这些时间在数量和质量上都足够吗？

• 您的男孩是否也会说："是的，已经足够了！"

• 您的儿子可以通过您花时间陪他而感受到自己是受欢迎的吗？具体通过哪些地方表现出来的？

• 当他提出建议，要求您花时间陪他或对怎么度过这段时间有一定设想时，能得到满足吗？

• 您会主动给他发出信号吗："我现在有时间陪你，我想和你一起做点儿什么？"您会怎么表示？

• 如果您的男孩想要您陪他玩，您一般怎么回答："好的，没问题！""我马上就来！""现在不行，晚一点儿""我这会儿真的不行"，还是别的什么？

• 当您陪儿子的时候，您有多投入"活动本身"：您是否专注且在场？还是您脑子里经常在想别的事情？您会不会时不时地还要做些别的什么事？您是否处于压力之下，随时准备离开？

• 您和儿子在一起时会接电话吗？

• 在陪伴时光中，男孩在您身上体验到的氛围是开放、平衡、友好、幸福，还是烦躁、压力大？

• 你的男孩让您的生活变得丰富多彩，您为此感到欢欣鼓舞并感激这段和他一起度过的时间吗？他能感受到吗？

• 您会给儿子规律地预留出足够的专门陪他的时间吗？

• 如果您遇到真没有时间的时候，您会敷衍儿子，还是会在今后真的找出时间来弥补当前的"大旱期"？

请认真对待您的答案，如果有必要且有可能，请做出改变。例如，如果您一下班就陪儿子，可能因为自己还处在压力下，很容易被惹怒，这时您可以首先给自己安排一段恢复的时间，这样您才能真正地"在场"——和儿子在一起。

日常陪伴时间、特别陪伴时间——这么多时间我们首先得有才行！

什么？您没有时间？我们所有人的时间都是一样多的。事实的真相是：您把时间花在别的事情上了，这是您自己决定的。您可能有很多时间，首先是您的职业，还有家务、亲戚、朋友——您在这些上面都花费了时间。也许您感到内疚，想要通过其他什么方式来弥补没有陪孩子的遗憾，比如：给儿子最大限度的自由、增加他看电视的时间、送礼物或许诺每年度假一次。但这样并没有用。没有任何事物能替代您的陪伴时间，这些并不能弥补缺失的陪伴。这里所说的花时间是一个主动的过程，也就是说，您做出选择并权衡利弊，您预留时间，您从别的地方挤出时间，您把这些时间给儿子——这样您就会发现，您自己就是时间的主人。

男孩从一出生开始就需要父母的陪伴。如果您有工作的话，产假与育婴假是您能够送给儿子的好礼物。您有权要求休假，就算雇主有时并不喜欢。您可以这么看：产假和育婴假能够为儿子的健康和幸福打下坚实的基础。儿子出生后的这些高强度陪伴时间像疫苗一样，增强您和儿子的抵抗力，能够免疫今后陪伴时间缺失的情况。

您花在男孩身上的时间并不都是和他一起度过的时间，也可以是间接时间。间接时间，一方面可以指您作为伴侣的时间，男孩也需要您以伴侣的身份出现在他面前，如果您想认真对待自己的伴侣角色，您就得花时间。同时，这也可以让您免于过度关注孩子。另一方面，您也需要给自己一些时间，因为男孩需要有时间做自己的父母。这也是您需要有意识地去做的很重要的一步：给自己留出时间，无论长短——您有资格拥有这些时间。

第 4 条：和男孩一起做事情

和男孩一起做点儿什么，对于他们而言，在人生的任何阶段，这都是一个好主意。很多男孩都是先做了再思考，先处理了才能表述。有时也可以事前稍微做些计划或立下约定，然后就可以马上开始了。

和男孩做些什么，听上去仿佛是不拘做什么事，事实正是如此。因为这里可以做的事情很多，比如在房间里玩小游戏，踢球，用乐高或积木搭建什么东西，抢东西，做手工，拆开或组装什么东西，在室内汽车赛道上玩，去游泳馆游泳，骑自行车，买衣服，做午饭；或者到大自然中去，在小溪里修建水坝，在阳台上或花园里过夜，登山，找个地方露营但不搭帐篷或者爬树。

从中您会发现，有规则的游戏并不一定是男孩最喜欢的！很多男孩也喜欢有规则的游戏（如打牌或下棋），但这些并不能算是真正地"做些什么"。因为这时，躯体体验和关于意义的体验的质量并不会太高。

在做的过程中寻找平衡。单方面的发展很快就会让人觉得压力很大并且无聊。所以，在"做"的过程中，请注意让高强度的体验同放松、休息或交谈的机会交替出现。在艰辛地活动之后需要精神上的奖励，喝热可可、吃冰淇淋，甚至来场按摩都很适合。

人们常常会误解"和男孩做些什么"，其实并不一定需要做什么狂野或极端的事，也不总是需要很长时间。一起做些什么，也可以是安静而放松的——一起去电影院、打扫、做饭、做手工、读书、画画或洗碗、讲笑话、玩飞盘——这些都是可以和男孩一起做的有价值的事。具体做什么取决于当时的条件、季节和时刻，比如临睡前就不太适合玩四处奔跑的游戏，而朗读睡前故事或看图画书就更适合晚上做。那"做些什么"的方式和质量首先取决于您面前的男孩：如果他是一个狂野不羁、喜欢打斗的男孩，那么就请愉快地享受和他的"打斗"吧！如果他是一个比较安静、谨慎的男孩，那么，请享受他与你分享他丰富的精神世界的时刻！如果您的儿子喜欢有意义的体验，那就再好不过啦，因为您将和他一起发现和体验很多东西！

最好能马上开始，这对您而言也是一个机遇：您将得到双份回报，因为这不仅是为了儿子，也是为了您自己。一起做事情是和男孩建立关系的一种方式。

为什么有些男孩缺乏动力

为什么做事情对男孩有好处呢？男孩喜欢动手，因为这是实实在在的、有意义的事情，是他们熟悉的活动。自己动手是他们建立和维持关系的方式（关键词"任务关系"）。这也许是某对基因决定的，或者也可能是受到了睾酮的影响。况且，在所有男子气概形象的画面中，活动都是其中一项重要特征。男孩很快就学到了：通过自己动手，我能证明我是男性。在一定程度上，这种想法是没问题的。做恰当的事情可以让人放松，虽然很疲惫，但很满足。

男孩天生就有自己动手的冲动。重要的工作或活动、惯性和来自父母的过多的理性思考遏制了这种冲动，过度的怀疑和焦虑也会导致相似的结果。真可惜！因为如果试了几次都不成功的话，男孩就会找其他人或到其他地方进行体验了——不让您参加。很多今天被我们说成是"缺乏动力"的男孩，实际上是慢慢丢掉了自己的动力：因为他们看不到您对他感兴趣的可能性；因为他们觉得父母根本不喜欢他们这么做；因为大家对他们进行了太多说教，弄得他们最终不知道自己到底想做什么；因为他们每次一想做点儿什么，做之前就会出现许多的麻烦事；因为他们做完一些事情后，会发现这和他们一开始设想的完全不一样，他们成了失败者。失望和丧失动力的原因不胜枚举，但有一点是肯定的：男孩一开始是有自己动手的冲动的。如果他没有，那一定是在后来丧失了。

缺乏动力意味着：一定有什么地方不对！

当然，没有动力的男孩也可以重新获得动力。他们只是想做点儿别的什么事情，他们不想太辛苦或不想陷入冲突之中。电子媒体和游戏阻碍了他们在实际生活中的实践。因为电脑游戏和游戏机中有专门针对男孩而设计的极强的刺激性，这种刺激削弱了他们在现实生活中动手的兴趣。这时他们需要清晰的规则和界限。

如何把体验转化为经验

您可以通过提这些问题，让男孩更容易对体验到的东西进行反思：

- 有哪些你觉得好的地方？
- 什么让你觉得特别有趣，为什么？
- 你最喜欢什么地方？
- 哪些东西我们以后还可以再来几次，哪些最好不要？
- 如果我们今后再来一次的话，需要做些什么改变吗？

您的分享和反馈也很重要：
- 我很惊讶你能做到这些！
- 你可能有这方面的能量！
- 我很喜欢你小心试探的做法！
- 和你在一起我觉得很快乐！

男孩喜欢听到这些话，但他们听到得太少。如果您不能自然而然地表达这些认可，请多加练习。

和男孩一起做事情的意义

请您和儿子一起做些什么——难道让男孩们自己去做点儿什么还不够吗？他们不能自己做或者和其他小孩一起做吗？这个问题包含了三种可能性：完全自己做、和同龄人一起做以及和成年人一起做。三种形式都很重要，也很有价值。男孩能够自己玩或和同龄人一起玩当然也是很有意义的。如果一个男孩不能自己一个人玩，总是需要成年人带着才会玩，这当然不好。这种情况意味着他的某些发育或学习步骤还尚未完成。

但和父母以及其他成年人一起做些什么还是不一样的。首先，这种游戏并没有其他的目的。我们并不是"为了什么目的"而做的，就是"单纯地"做。这样一来就会不由自主地产生另外一些东西：您可以和男孩建立起联结和关系，并在做的过程中不断巩固这种联结和关系。您和男孩有共同的体验，因为共同的经历而被捆绑在一起——只有他和您。他能从您身上得到一些东西：挑战、安全感、宝贵的经验、玩新游戏的冲动以及关于他可以做什么的想法。在做的过程中，我们表现出来很多面，从中我们也能认识自己的多面性。男孩可以完整地感受作为父亲、母亲或养育者的您，感受您的整个人格。

动手也意味着男孩可以把内在的张力表现出来，可以解决冲突，可以在游戏中假装自己还是"小宝宝"或者已经是个成年人了。所以，虽然做本身不带其他目的，但它也可以顺便带来一些疗愈作用。男孩在和您一起做些什么的过程中会明白自己能从您身上得到什么，您能给他提供什么（还包括您能从别的成人或儿童身上学点儿什么）。

> 弗洛里安上了一天课，累得要死，所以很享受和母亲简简单单地瞎玩儿。妈妈陪着他一起瞎胡闹，累了就躺在地上。弗洛里安躺在妈妈旁边——"随性而为"之后的小憩。

动手做的过程中，人与人之间产生并加深了联结，关系和家庭的凝聚力将会变成男孩将来飞向外部世界的原始经验和大本营。"随时随地"在小事中获得的共同体验甚至比从稀少的大活动（如度假、游乐园）中获得的更重要！

及时兑现对男孩的承诺

关于"做些什么"的建议

关键是要让人一眼就能看到"做"的希望:如果您想和儿子一起玩点儿什么,请马上准备好开始行动,不要陷入甚至迷失在各种规划的细节中!

如果一起做点儿什么事情看起来遥遥无期,男孩就会感到很沮丧。如果男孩期待了很久的活动最终没能开展起来,他们就会感到失望(这当然可能出现,也一定会出现;但如果和男孩一起做的事情总是要被延期的话,就不好了)。要做的话,现在就做,改天做就没那么好了。男孩当然也要学习不是什么事情都可以马上做。随着年龄的增长,他们会慢慢理解。如果父母给孩子画了一张大饼,说能和他做很多事情——做木筏、帆船或至少造一艘独木舟,横穿戈壁滩或徒步阿尔卑斯山,修建花园并种菜,建一座很大的树屋;但父母从来不兑现承诺,那么这就有问题了。原因正是因为这些计划都太梦幻了。在有些家庭里长大的孩子从小听到了很多美妙无比的计划,但从未成真过。他们遭遇了经年累月的失望,而这些话题常常是家庭中的禁忌,因为父母不想提起这些事。所以,忘掉那些"伟大"的想法吧,做些力所能及的事。

建议：请做可靠的父母

您可以有梦想，但当您提议做些什么的时候，请脚踏实地。半小时真实进行了的瞎胡闹、只持续了几分钟的摔跤、一小局飞行棋或卡牌游戏都远胜于那些无法兑现的大承诺。

动手并不意味着不动脑筋瞎干，不是说让您在做的过程中把大脑关机。您毕竟是父亲、母亲或其他有养育责任的成年人，虽然要和孩子一起玩，有时也不得不做出一些疯狂的、幼稚的举动，但请同时保持警惕。因为从八九岁开始，您的儿子对尴尬的行为开始变得非常敏感，特别是父母做的事情。如果您感觉到他有这样的想法，请尊重他，但不要过于限制自己的行为。或者，您可以在自己家里表现出幼稚、疯狂的一面。在这里男孩可以享受更长时间和您一起玩耍的时光——因为他们不会看到外界异样的眼光。如果您儿子的朋友在场的话，您就需要克制一下自己了：一起玩当然好，但您还是不要去当那个玩得最溜、最野或最有创意的那一个啦，您需要做一名成年人——即使在最疯狂的游戏里。

如果您和一个或许多个男孩一起做什么事情的话，您和男孩们一样有权要求他人考虑到自己的感受。不要为了让他们带您一起玩，就主动把自己变成了男孩的仆人。一起做些什么的一项重要先决条件是：确保您自己也能从中找到乐子。如果您觉得某种行为很可能会威胁到自己或男孩的安全，那么请及时设立边界。您不需要担心您的儿子会因为这个而不喜欢您。也许他会认为您是一个谨慎的人，而您实际上的确很谨慎。也许他还会感到高兴，因为他现在不用去做那些过于冒险的事了。

在做的过程中，您能慢慢通过直觉感受到您的男孩喜欢做什么，他能从什么事情上获得快乐。如果可以的话，请做他喜欢的事，并经常和他一起做！在这个过程中，您也许能够得知他在什么地方还需要支持，在什么地方还有发展的空间。正因为如此，他才需要您。此外，他还需要您带给他的其他选择。如果您的儿子发出了想进行某些行动的信号或直接表达出了自己的愿望，请满足他，和他一起完善他的想法。如果他想去游乐园玩，但现在却不行，那么也许可以去荡大秋千、骑一圈自行车或者在火车站坐自动扶梯。这对您的要求很高，既要在出主意时够疯狂、够有创意，又要在实践时有勇气。

父母与男孩的身体接触

在和男孩一起玩时要注意身体体验和身体接触，两者都必须自然发生，并且要与男孩的年龄相符：一开始可以有很多的抚摸、咯吱、拉手或搭肩；后来可以拿拳头试试对方的力量，累了的时候背靠背休息，一起打体育比赛（做队友或对手）。

很多男孩能够很好地感受并体验自己的身体。但当代教育体系对男孩的期望则通常基于理性的思考，以头脑理解为重。他们身体其他部分的需求只能被扔到一边。这对很多男孩而言都不合适！他们想要动起来，如果缺乏躯体体验的话，他们就会躁动不安。把头脑和身体这两部分割裂开来没有任何积极意义。一方面，男孩需要学习，需要训练自己的认知能力和专注能力。另一方面，他们身体上的需求也是合理的。如果您想和男孩一起做些什么，那么请注意他们对平衡发展的渴望：如果在学校里躯体运动被压抑了，他们回家之后就会有很大的活动需求。活动的渴望通过身体表达出来，那么请和男孩一起"做"些运动吧。如果平时都不得不安静地坐着，那么周末或假期就应该创造机会动一动。

等男孩长大了，父母就会觉得很难再和他进行身体接触了。这时，如果男孩在身体上靠近您，如果您想要爱抚或触碰他的话，您内心就会有一种不舒服的感觉，想要远离。

> 卢卡斯九岁了，他跑到爸爸的床上，想像以前一样在爸爸这里蹭蹭，然后再嬉闹一番。卢卡斯的爸爸感到儿子已经长大了。在身体亲近的过程中，他突然有了很不舒服的感觉，他自己一下子也无法解释。这种近距离的身体接触让他想起了社会上对同性恋的歧视。在他意识到了这一点之后，他拥抱卢卡斯的次数也减少了。

所以男性亲属之间身体和情感的亲近有时让人倍感压力。这看上去似乎很有道理——但对于男孩来说，和父亲（或其他男人）的身体接触突然中止，这让他困惑不已。他们觉得有什么地方不对劲儿，但却没有办法用语言表达出来。男孩明白了，这种别扭的感觉来源于男人之间的亲近和身体接触，他们很可能今后又把这种别扭的感觉传递给自己的儿子。我们怎么才能打破这种代际传递呢？一旦您感受到了这种别扭的感觉,您就已经进了一步了:请试着把这种感受当成自己的感受,去接纳它——并且马上继续或重新开始与男孩的身体接触。而且您自己也会发现,您实际上在进行无谓的担忧,这只是和实际完全无关的想象而已。

然而,母亲们有时也会觉得男孩长大以后,身体上的亲近会是个问题。所以许多母亲此时也突然中断了和男孩的身体接触,男孩会把这种中断理解为拒绝。其他一些母亲则走向了另一个极端,她们不注意男孩的身体界限,她们越过儿子的边界。上面两种情况中的母亲都处在矛盾之中——她们一方面想要亲近儿子,另一方面又害怕关系产生性意味。男孩感受到了这种矛盾,对他们而言,童年时和母亲关系的主题再次出现。母亲没有能力抛下自己的矛盾不管,但她却可以继续针对自己的矛盾做工作。如果您与您儿子在身体触碰时出现了紧张的感觉,这就是一个很好的开始:您已经能够感知自己了。

您可以继续像现在这样,但请不要中断和儿子的身体联结。只要母子之间的联结还存在,就没有问题。通常,如果他们觉得联结已经够多了的话,男孩会自己主动与母亲分离。您当然也可以主动分离,但请注意用温和的方式,而不是突然终止关系。

如何与男孩交谈

如果您想要或者必须和男孩交谈,这当然也属于"做些什么"。但对于男孩来说,这算不上真正的"动手实践"。很多男孩都觉得交谈是一种要求。和人面对面时,男孩很容易就感受到等级差异,觉得自己比对方低一等。可想而知,因为男孩的某个问题而找他进行的谈话首先就属于这一范畴,还有找他们谈谈他们最近干的事儿、他们的想法。这种面对面的情景在他们看来是一种对峙。这样一来,和男孩谈话很快就会变成对男孩说教。

另外,很多成年人在和男孩交谈时都更加倾向于使用简化的语言。他们认为男孩是"男性",所以在组织语言的时候尽量简洁明了。但是只言片语并不能让男孩明白。所以请您用多样化的语言、完整的语句来表述,当然还得避免说个不停。

很多男孩在说话时也不愿意滔滔不绝地讲一大堆。他们很早就习惯了,说话只是用来传达信息的。真正重要的信息实际上并不多,比如"今天学校里怎么样?""很好。"在"男孩的思维"里,这样已经传达了所有重要的信息。细节要等到以后才会慢慢说出来,但通常都只是顺便一提。他们没办法一股脑儿说一大通。许多男孩必须等到语言成熟以后才能做到,而成熟是需要时间的。请给男孩足够的时间。

同时,交谈时机也很重要。很多男孩在忙其他事情的时候,很难分神与您交谈。只要他们还在处理某个发展主题,只要他们还陷在某个"复杂的问题"中,他们就很难与人交谈或者进行反思。当他们处理完手头上的主题以后再回头看时,整件事就变得容易得多。所以,我们建议不耐烦的家长继续等待。

当然,有时候在他们处理困难问题时找他们交谈也是有益的,比如当他们正因此被卡住时——这时,如果您想和他交谈,切记要委婉而谨慎。请您尽量不要以管束、威胁或惩罚的方式与他交谈,而应该这样:"你想和我讲讲发生了什么事吗?""我感觉好像什么地方不对劲。""我真的很担心你,我们能谈一谈吗?"很重要也很适合的方法是从自己的亲身经历出发,讲自己的故事,可以是现在的,也可以是当您像儿子那么大的时候的故事。这种方式特别适合父亲:您还记得自己像儿子这么大的时候是什么样的吗?讲讲您当时遇到的困难,以及漂在茫茫大海找不着陆地的情景。这也能给男孩带来启发,能给他们提供帮助。

如果您没有办法和男孩就这么简单地进行交谈,请试着在和男孩一起做什么的时候交谈,或者在做完之后交谈。男孩更容易在大家一起做事的过程中表达自己。

第5条:对男孩和他的兴趣爱好保持兴趣

毋庸置疑,绝大多数家长都对自己的孩子感兴趣。如果您正在读这本书,也可以证明您对儿子是感兴趣的。

即便如此,对男孩的兴趣也不是自然而然的。随着年龄的增长,男孩的兴趣会逐渐发生改变,他们的个性也会更加鲜明:男孩觉得很刺激的以及他们真正感兴趣的东西,很快就让成年人感到无聊了。或者成年人把自己的价值观带进来,开始贬低男孩的兴趣所在,最容易让忧心忡忡的家长丧失自己开放、中立态度的事情,正是男孩那些关于男子气概的提问。所以,家长的兴趣只局限于(极度)有限的几个方面,而这些方面恰巧都是些对男孩意义不怎么大的方面。上学对于多数男孩(哪怕他成绩很好)而言只不过是不得不承担的负担,而重要的东西往往发生在休息时间或在课堂上与其他同龄男孩的交流中。

发现男孩的兴趣

也许您不能理解或者根本就没有听说过男孩的这些兴趣：挖土机、男孩间的笑话、小汽车、足球、男孩音乐、可宝梦卡或球星卡、游戏机或电脑游戏。不要担心，您不需要理解这一切，您甚至可以继续毫不了解。可是，关于他的兴趣您需要理解的是：男孩着迷的点是什么、他到底在忙什么、他们要解决什么问题以及他们到底玩得有多溜、他们到底会什么！同时您的眼界将被开拓，您可以看到自己童年时期完全没见过的东西。

男孩的兴趣特别容易在共同玩耍的过程中表现出来。比如和男孩交谈、和他们玩耍时，您能够对他、对他这个人、对他的主题有更多了解。对男孩感兴趣首先意味着要对他们喜欢的游戏感兴趣。电子游戏如今可谓是无孔不入，它们对男孩的吸引力巨大无比。请不要轻易流露出您的不屑，不屑通常只能显示出您对这类游戏不了解。我们的原则是：游戏就是游戏，不管是带轮子的，还是要接电源的，还是需要显示屏的；您需要做的只是表现出自己的兴趣，试着和孩子一起玩，当队友或者打对手都行。此外，您还需要感谢儿子带您进入这一全新领域。

对男孩感兴趣的积极意义

通过对男孩感兴趣，您可以和他建立联结。这一过程具有双面性。兴趣是对个人欣赏、认可的一种表现形式，它传达出的信息是：你对我来说很重要。您可以通过对男孩感兴趣表现出与他的联结和对他的维护。所以，兴趣对男孩、对您都非常重要。

首先家长要对他真正感兴趣，这样他以后才能同样对他人感兴趣，而无论他人是否对自己有用。当他感受到您对他的兴趣之后，他就会慢慢变得有能力建立关系，融入集体。您对他的兴趣突出了您的在场，您并没有把男孩一个人丢在那里。这一点对任何年龄段的男孩都有益。

只有真正的兴趣才具有特殊的意义。理性思考后强装出来的兴趣起不到任何作用，这张面具一眼就能被人看穿。陪伴孩子时请尽量带着您的心与您的爱：发展并表现出共情就是对他感兴趣——并且不只是在糟糕的时刻这么做，即不只是分担焦虑和悲伤，还应该分享当下的快乐。另外一种帮助抵制假兴趣的方法就是，您一方面寻找自己为什么（不得不）拒绝某些事物，另一方面，您需要努力探索您真正感兴趣的事物。比如，您可能本身对足球一点儿都不感兴趣，但您可以真正地、真诚地感兴趣于您儿子踢足球时的体验和他对足球着迷的点：他是否感到高兴、骄傲，他是否有伤痛，他是否感到惭愧，他在技术和技巧上表现如何，球员之间的关系如何——一切隐含在足球比赛之后的东西；而您是否喜欢这项体育运动完全不影响您对儿子的兴趣。

"盘根问底"是对男孩自主、感受和地位的挑战

就算您对什么都有兴趣，在询问儿子时，您也不一定能得到您想要的答案：有些东西和您无关，男孩更愿意把这些东西留给自己。如果他是一个明显更偏重实践的人的话，他甚至可能根本无法用语言表达某些

部分，因为他根本还没思考过。这些东西虽然在脑子里，但如果他还没有组织好相关的语言的话，他会觉得用语言表达出来得费好大的劲儿，男孩认为这纯粹就是无用的翻译过程。单单为了满足父母的好奇心就花这么大的力气是否真的值得？一般情况下，男孩的答案都是否定的，因为这太费事儿了。所以，他们宁可谁也不告诉。但重要的只是兴趣本身，而不是回答。有时候，您感兴趣的东西需要自己去探索。一种特别适合的方法是和男孩一起去做。

因为一旦您通过提问表现出您的兴趣，就会触碰到男孩身上的三个男子气概主题：自主权、感受和地位。

● 兴趣意味着"参与其中"。每个男孩自主权的边界不同（这种边界也会变化），您的兴趣也可能被他人当作是越界行为或对他自主权的质疑。您因为自己的兴趣，在一定程度上侵犯了他的领地。这时，您的兴趣就成了对他内心世界的入侵。如果男孩有这样的感受，他就会操心如何重新获得自己的自主权。他拒绝回答，或者简短地敷衍一下您，从而把您赶出他的领地。这其实是可以理解的，但却没有满足您获取信息的需求。

● 在感受层面，男孩能够察觉到您兴趣中的情感成分。男孩并不是凭空察觉您兴趣中的感受成分的，比如您的担忧与不安、您的不信任与愤怒或者您自己对良好感受（如自豪、幸福、快乐和安全感）的需求。这些感受触发了男孩身上的某些东西，特别是当您的兴趣背后潜藏着情绪，你对他的兴趣成为您感受的传递媒介时。男孩也会对感受做出情感反应，比如愤怒、不信任或焦虑。所以我们建议把兴趣和感受分开来（但爱除外，它本应属于兴趣的一部分）。当您感到担忧时，请不要询问您的儿子，不要以兴趣的形式表达自己的感受，而是单纯表达自己的担忧。

● 男孩很容易把您的兴趣理解为控制。这可能攻击了他的地位：对面的上级有审查的权力。男孩得到的信息是：你是我的下级，因为我能控制你！男孩会尽可能地避免处于劣势地位。回答问题、对兴趣做出反应并友好对待对他感兴趣的人只是他自愿的选择。而拒绝则能够确立他的地位，他会努力地提高自己的地位，从而不受人控制。对于男孩而言，他只是在巩固自己的地位；对您来说，却会非常失望。

这三个主题在男孩身上就像细密的滤网一样。有了这三道屏障作用，您很难把您的兴趣传递进男孩的心。同时，男孩也喜欢有人对他真正感兴趣，但前提是：那些对他们的做法和发现的提问并不是逢场作戏。男孩想要知道您是否真的关注或愿意参与其中。也就是说，不要随便问几个简单的问题敷衍了事，而是真正地关注他。为了保证您是真的感兴趣，您与儿子之间需要逐渐形成一种兴趣文化。

兴趣并不只限于提问、追问、让对方表达。交谈也早就不是表达兴趣的唯一方式了。如果男孩觉得交谈繁冗、费劲儿、累人或有种被人控制的感觉，那么您不用猜也知道，您和他的交流会很困难。所以很重要的是，不要让兴趣只局限于交谈。有时候您也可以把兴趣局限于感受之上。而且，单纯地待在一起或者陪伴也是兴趣的一种表现形式。一起听他喜欢的音乐，一起看搞笑片段，尝试玩精灵宝可梦卡片或者其他有意思的电脑游戏，请他的小伙伴吃比萨，一起看动作片：通过这些行动，您能够做到真正的陪伴，而且还不需要交谈，同时通过无声的交谈获得隐含的信息，从而安抚您对信息的渴望。

真正的兴趣也能协助他战胜危机。当我们对男孩感兴趣时，我们会更容易发现他是否有所改变，或者是否有什么苦恼：是不是正在经历认可、友情、成绩、爱或攻击性危机？或者霸凌？

一位父亲的提问：当我的儿子被霸凌时，我需要帮忙吗？

您必须帮忙。但这里得先说一句："霸凌"这个概念现在已经被滥用了。并不是每次骂人都算是霸凌，并不是三个男孩联合起来强烈质疑一个男孩就算是霸凌。过度保护孩子的家长很快就会认为这是霸凌，要求严肃处理。男孩的世界常常是粗野的，几乎和今后的成人世界无异。拥有抗逆力和"厚脸皮"一点儿害处都没有。在很多情况下，这条建议也适用于"自卫！"

日常冲突和霸凌之间的界限并不清晰。霸凌意味着，您的儿子受到了专门针对他的、系统的、过度的攻击；这种攻击既可以是语言上的，也可以是躯体上的，攻击的点通常都是男孩在意的地方，或者通过把人说成是不正常的方式进行。这种攻击通常非常不公平（很多人针对一个人）。霸凌会伤害他人。受到霸凌的男孩将会有很大的变化。如果您的儿子告诉您他正在经历类似的事件，您必须马上做出反应，马上在霸凌发生的地方进行干预：学校里、运动社团里、男孩团体中以及攻击者的家长那里。如果这都没有用，那么有用的方法可能只有一个：帮助他从这个环境中脱离出来。

在另外一种情况下，您也需要关注、支持男孩并进行自我批评，即当您得知您的儿子在主动霸凌他人时。男孩常常在外面表现出和在家里完全不同的一面。所以请不要睁一只眼、闭一只眼，请认真对待这些批评。

第 6 条：为男孩提供竞争的擂台

对很多男孩而言，竞争是一种激励。他们对衡量自己和与他人比较感兴趣，这些都能点燃他们的热情。在他们眼里，斗争是交流的一部分。他们可以在这里看清并提升自己在多个领域的地位以及自己在男孩团体中的威望。斗争中的一个刺激因素是间接的体验以及和同龄人、成人的比较。

竞争能力是男性的基本能力

良性竞争与抗争的能力是男性的基本能力，男孩在童年和少年时期获得这项能力。它能在争论、冲突过程中帮助男孩提出自己的观点，为自己、自己的位置与观点辩护。一方面，男孩和他们的家长以及其他成年人一道发展抗争与竞争能力。成年人的任务是开辟新的领地：竞争的舞台。另一方面，这些竞争也发生在男孩之间，他们并没意识到这些竞争的存在，也无法控制，从某种程度上来说，竞争是自动、自主发生的。

除了在少数情况下男孩能从成年人那里得到反馈，多数情况下这种竞争都和成人无关。

男孩各不相同——这一点在这里也同样非常重要。就算在小男孩身上，他们对斗争的兴趣也各有大小。在不同的发育阶段，斗争的意义可大可小。争斗的主题也在不断变化。

因为斗争至少在男孩生命的某些阶段是重要的，所以成年人不应该忽视男孩对于斗争的渴望。斗争对于男孩有积极的作用，所以不应该贬低它，道德上的贬低也不行。

斗争属于男子气概形象，但并不是所有有男子气概的人都得斗争！

同时，我们不应该忽视斗争和男子气概的必然联系。斗争是好的，人们可以选择斗争，我们也允许斗争的存在，男孩需要斗争和竞争。如果滥用斗争来谋取私利，或者把斗争当成唯一能够证明自己有男子气概的方法的话，斗争的积极品质就丧失了。这时，男孩需要他人的帮助，从而学会从其他地方汲取男子气概的营养。

特别是在身体斗争问题上，男孩必须要学会感知不同男孩之间的区别，并允许这些区别存在。很多男孩习惯从自己的角度出发，认为所有的男孩都和"我"一样。好斗的男孩认为所有的男孩都好斗，他们完全无法理解那些敏感且不好斗的男孩；冷静的男孩认为所有的男孩都和他们一样温和，他们无法理解那些混混。

所以男孩在斗争这个议题上需要支持和解释。我们需要传达的最重要的信息之一就是：男孩各不相同，存在即为合理。父母的一条好建议或者一条清晰的解释都能够帮助男孩。

如果一个男孩感到自己有受到他人躯体暴力的危险时，或者他干脆就对与其他男孩斗争没有任何兴趣的话，您也许可以对他这么说："你知道吗，有的男孩就是特别好斗，他们喜欢野蛮的斗争。他们就是这样的人，而你不属于这一类。你可以不和他们搅在一起，你不需要和他们打架或斗争。"对喜欢争斗的男孩，您可以说："你知道吗，有的男孩根本就不好斗，他们不怎么喜欢打斗。他们就是这样的人，你和他们不一样。你可以和他人打闹，但是你得找一个也想打闹的人。"

竞争是一种特殊的男子气概表现形式。从心理学上看，男子气概同竞争之间的联系定性于男孩的第一段男性关系。在这段关系中，男孩把母亲视为爱的客体与主体，他们开始与自己的父亲竞争。之后到了青春期，他的任务又变成了超越父亲——这样他才能健康发育。从生物学角度来看，竞争也可以由激素诱导并维持。通常，在睾酮的作用下，男孩获得活动的冲动，想要在地位问题上取胜。从社会层面来看，男子气概形象强调竞争。它传达的信息是：男子气概通过竞争、辩论、斗争产生。当然，成长于不同环境、不同时代的男孩对男子气概的看法不同，同样能对其造成影响的还有父母的教育和收入水平，以及他们对竞争和攻击性的态度、兄弟姐妹的数量、男孩在家庭中的排行等。

如今看来，竞争既不是被男孩和成年男人发明的，也不是他们专属的。女孩和成年女人也会竞争，但她们竞争的主题和内容通常与男孩的不一样，就像《白雪公主》中写的一样："魔镜，魔镜，谁是世界上最美丽的女人？"

由于社会对女性形象的定义以及女性的心理特征，女性之间的竞争并没有那么直接，而是更加精炼、微妙。一般而言，男性之间的竞争和女性的不同。对他们而言，地位、团体中的位置才是最重要的，理想的竞争发生在竞技场的擂台上，需要（想象的或真正的）观众，需要他人用男子气概的标杆来衡量。他们不仅仅是闹着玩的，斗争可以很快变成动真格的。这种竞争，这种躯体上的"男人和男人"之间的对决，还有今后智力、能力与权力的对决，在男孩和社会大众的眼里首先应该属于男性。

良性竞争的前提在于双方都有输或赢的可能性。成年人在为他们开放竞技擂台时就必须考虑到这一点。很多男孩喜欢这样的挑战，也喜欢真正的力量对决（特别是和父亲的）——请给他们赢的机会！

为了能够走入竞争，男孩需要对手。对于男孩来说，这意味着两方面：有一名对手和自己做一名对手。这是两种不同性质的关系。有一名对手是获得自身价值和认可的一种方式：我是一个有价值的人，所以别人才会和我争辩；反过来，对方也是有价值的，所以我愿意和他比。自己做一名对手意味着忍耐、坚守，投身于这场竞争之中，显示自己的坚韧。

如何避免竞争演变成暴力

虽然男性竞争如此重要、能带来如此多的好处，但它也存在问题：男子气概通过直接、公开的竞争，通过斗争产生。其中有一点容易误导人：男孩需要在竞争中利用对方来证明自己的男子气概。在不太理想的情况下，他们划清自己与对手的界限，贬低他们，不与他们的对手建立联结或中断与对手的联结。这样做对男孩很危险，因为这时竞争不再有产出，只是为了竞争而竞争。对男孩来说，致命的地方在于，他们一旦有了这种态度，他们实际上就是依赖于竞争对手了：竞争对手才是那个能让他最终感到自己是男人的人。正因为这种依赖性，他们很容易产生恨。恨会遮盖他们对男子气概的需求，破坏了竞争的边界，于是产生了暴力。

这听上去有些矛盾，但正因如此，男孩才需要学习进行"良性竞争"。良性竞争能让男孩在童年、少年时期享受竞争的快乐与衡量自我的欣喜。良性竞争激活的不仅是竞争本身，还有与对手之间的关系。如果男孩知道良性竞争是什么感觉，他们就能看出什么时候竞争已经变成恶性的了。成功的竞争需要男孩的攻击性（一种鼓舞人不断前进的能量），但绝不能让攻击性变成暴力！也就是说：没有攻击行为、敌意和贬低的攻击性。男孩可以在竞争和斗争中培养自己的攻击性。这样，他们就既不需要抛下自己的攻击性（同样不健康），也不需要担心自己会变得暴力。

这种形式的竞争需要一个范围、一条边界，需要保障规则和安全，要不然斗争会让男孩感到焦虑。这里有两种类型的焦虑：关于被扼杀的焦虑以及对自己潜在攻击性的焦虑。理论上，焦虑感是积极而有利的。然而，如果没有界限的保障，焦虑就会永恒存在了。这时，焦虑就会迫使男孩与自己的攻击性分离开来，这样一来对他就会有危险。

在同家长以及其他成年人斗争的过程中，男孩获得了早期的基本经验：在有边界的擂台上，男孩可以释放自己的一切力量，对周遭世界不会有太大影响！他可以和高大、力量远胜于他的成年人竞争，自己不会因此被扼杀！这是一种伟大的体验。成年人会引入非常重要的东西：规则文化、荣誉、公平、道德要求以及"公平竞争"的目标。

男人和男孩竞争时还会产生另一种效果。因为，父亲或其他男人自己未解决的竞争主题会被冲到表面，如果恰巧男孩此时也在努力处理这些问题的话，特别是等男孩长大一点儿，不断开始真正的竞争时，这些都是很有意思的男性主题。如果您感受到了这一点，请为之高兴吧！但请您在竞争的过程中避免让事态升级，您的力量可能会伤到男孩。我们当然要在公平的前提下来场真正意义上的竞争，但不等于让您死咬着不放。如果您有这样做的倾向的话，请您学习克制自己，学会处理自己必须取得胜利的压力和消化自己的痛苦！请您找个成年男人来比试。您自己的竞争应该是发生在男人与男人之间的，而不是与男孩。在和男孩竞争的过程中，您可能会取胜，但却不一定取胜。这样做的好处是：不管结果怎么样，您都能获益。如果儿子把您打败了，您可以为他的力量感到自豪；如果您把男孩打败了，您也可以高兴一场，因为男孩愿意和您竞争，而且您还赢了。

如何培养男孩的良性竞争能力

成年人在和男孩竞争时的任务是，保持比赛的娱乐性，不忘自我限制，控制尺度，注意比赛的公平性，关键是进行一场有尊严的决斗。在和大人一起时，男孩首先能从他们身上学会什么是良性竞争、什么是有尊严的斗争。您需要给男孩做出表率，让他们看到应该怎么做。所以我们建议父母或其他成年人给男孩提供专门用于竞争的擂台。因为这和男子气概有很大关系,所以特别需要父亲和其他男性的支持,当然也不只限于他们的支持,男孩也能从母亲以及其他女性身上学习如何进行良性竞争。

所以,寻找并为男孩提供竞争的擂台很重要。如果男孩邀请您和他进行竞争,请欣然接受挑战。让力量在这一过程中施展开来——作为一场游戏,整个过程也应该保持娱乐性。

在寻找"竞争主题"这个问题上,您完全不受限。请放开手脚进行比赛。争夺盒子里最后一块饼干,和男孩争抢、搏击、扭打;还可开展体育竞技:谁骑自行车骑得快?谁跳得高?谁游得快、谁潜得深?谁能把樱桃核吐得更高?谁能把纸团扔得更远?说同一句话,谁说得快?谁能说一段绕口令不出错?男孩年龄越大,他们就会有越多经验和越大的勇气,竞争的主题也会更加丰富多彩、更有创意,比如自己发明的武术招式或者在游泳馆比谁跳水的姿势最优雅——可能性是无限的。

然而,随着年龄的增长,男孩会逐渐感到羞耻。现在他们会避免公开场合的竞争,转而把擂台搭在私人空间里,所以客厅地毯上的拳击和扭打还可以继续。喜欢玩的男孩把自己的注意力转向了有象征意义的游戏中,在游戏中竞争。而电脑游戏和游戏机也能作为竞争的擂台,把成年人和男孩联系起来;在这样的竞争中,成年人马上就会意识到自己根本打不过孩子,但对双方而言同样是很重要的体验。

竞争在打斗结束后其实并没有结束。双方都筋疲力尽,感到放松。此时可以就竞争进行沟通,大家可以一同反思整个过程,良性竞争会变成历史,变成过去的东西。培养斗争的另一面——放松与反思——

也属于斗争中不可或缺的本质。您是竞争对手，为竞争后的良好感受做出了贡献，协助保持平衡，并重新和生活的另一面建立联结。向男孩传授这项技能，也是成年人的一项任务。胜利者的荣誉、带着认可的眼光回看整个比赛、一个作为奖励的冰淇淋、一起喘口气、一起享受些美好的事物，这些都能给竞争画上一个完满的句号，也能开拓男孩的眼界：不是所有美好的东西都只在竞争和比赛中才有，和谐也能丰富男孩和男人的生活。

如何教男孩正确看待输赢

在比赛与竞争中总会出现胜利与失败、赢与输。

● **赢了就有男子气概**。很少有人质疑这一点，也毋庸置疑。能赢当然好，但赢家需要考虑对手的感受。这里又要谈到尊严的问题。它首先与斗争的公平性有关：我们应该也有权庆祝胜利，但却没必要也不应该贬低输家。在极端的暴力行为中，人们也表达了这种贬低输家的态度，他们看到受害者或对手已经倒在地上了，还要再踢两脚。如果胜利者贬低失败者，比如嘲讽或用语言将他"赶尽杀绝"，实际上就是在象征性地进行上述行为。如果男孩缺乏积极的界限，他们就会仿效自己从男子气概形象中学到的东西，不管是从现实中还是从媒体中 [我们只需要想想足球迷在自己喜欢的球队获胜之后唱的歌就知道了："We are the champions, you are the losers"（"我们是冠军,你们是输家——译者注"）]。我们需要向他们传达一条明确的信息：这种行为不高尚，真正的男人赢了以后不需要这样。真正的男人不贬低他人、不强势。公平竞争的态度则恰恰相反，珍视输家并感谢他的参与。

- **输了也有男子气概**。每场公平的竞赛都包含了输的可能，所以输也一定是比赛的一部分。所以男孩想要知道我怎么才能在输了比赛的情况下保持自己的男性形象。您当然可以把责任都归到外界，借此为地位的丧失而辩护，这也从侧面证实了输掉比赛是多么有损男性形象。但坚强的输家的态度则是：祝贺赢家，认可他的成绩，赞扬他，并且宣告今后反击。

赢与输——在很多男孩（甚至成人）眼里，竞争只会产生这两种可能的结果。但这样想就太简单了。另外两种同样很有男子气概的可能性很容易就被人忽视了：

- **也可能不分胜负**，并不是每一次竞争苦熬到最后都能有个结果，并不是总能分出胜负。不管是僵局还是打成平手，双方都同样具有男子气概——紧张程度不相上下，让人欣喜的力量和论证过程也不分伯仲；有些东西根本无法分出胜负，而忍耐这一结果同样属于男性竞争能力之一。

- 最后，如果**不接受挑战也可以是有男子气概的**。接受挑战当然很重要，但并不是每个男孩都有兴趣接受每一项挑战。感受并接纳这种想法也是有男子气概。如果感到事情不对劲儿怎么办？如果我的对手明显比我强大怎么办？如果事态有恶化的可能怎么办？如果我看不起这种竞争形式怎么办？任何时候都可以拒绝斗争，可以说出理由，也可以要求换一个地方比试，并且昂首挺胸地离开擂台。

第 7 条：为男孩设立边界并保持联结

那些关于如何和男孩打交道的建议通常局限于设立边界上，好像这才是唯一重要的东西一样。这种片面的认识传达的信息是：所有的男孩都无时无刻不在践踏各种边界。可是这完全不正确。只看边界设置既不全面，也没有作用。认识边界与设立边界最重要的前提是自由。男孩需要边界，这一点没有争议。毋庸置疑的是，男孩还需要很多其他东西。

边界对男孩的意义

男孩需要界限，界限给他们行事的依据并让他们有条理。男孩特别容易在电子媒体中迷失自己。依据、规则、教育以及道德边界帮助男孩在无边的世界里找回自我，扎根于自我，慢慢发展出内在的边界能力。边界能力指的是感知并适应外在边界及其对内心的影响的能力。当我们告诉男孩边界在什么地方时，目的是要让他们拥有良好的男性品质——掌控自己，而不是为了在小事上限制他们。在处理边界问题时，男孩学习如何衡量事物并找到适合自己的标尺——按照年龄、性别进行个性化设置的标尺。

男孩的问题和令人苦恼的地方通常都和边界有关。在与男孩的长期冲突背后，一般都隐藏着边界不清的问题。很多男孩都想知道，在一个社会团体中有什么样的规则，如果不遵守的话会怎么样，还有谁来维护这些规则。所以我们最好在边界和边界能力上多做思考，以避免今后出现无休无止的关于边界的争端。

设立边界并保持联结。这两件事听上去很矛盾，但实际上却密不可分。设立边界不是说要和儿子或男孩隔离，隔离与两极化很容易让边界设立变得不人道。设立边界也不是为了让自己从中获益，而男孩却遭到损失，比如这种类型的评判："我是好的，你是差的""我是对的，你是错的"等。设立这种缺乏联结的边界通常会让人痛苦："走开，我不再喜欢你了。"这样您帮不上男孩，只能伤害他。

男孩不需要原则上的边界和规则，不需要为了边界而设立的边界。这样的边界是独裁的，会导致权力压制。我们不想要成年人对男孩采取压迫或独裁的态度。我们要的是联结、信任和清晰的规则——依靠关注、认可和爱来联结。男孩需要界限与规则，这些界限与规则产生于关系、自主权，并且是不可或缺的。

对于那些自己设立边界的男孩来说，边界也不是用于隔离自己与他人的，而是用来保持或建立联结的：与自己、与他人、与社会、与周围团体。男孩常常是因为渴望联结而去寻找有关边界的体验的。他们希望被他人，同时也被社会看见、注意、接纳。规则和界限必然是联结与信赖的一部分。通过规则和约定设立边界以及传达和维持一项社会准则，是父母的责任，是所有养育者与周围环境中成年人的责任。

请您向男孩明确地表示，设立边界是为了与他联结，边界源于您对他的爱与亲近。根植于联结中的界限能产生关注和恒心，同时也需要关注和恒心。和男孩一起时，您需要保持清醒与共情，您有设立并维持边界的能力。在设立边界的同时维持关系、保持联结，在这个过程中，身体是个很好的媒介。不管在什么年龄，我们都建议不断在身体上表达这种联结。感受自我，对双方都有好处。所以请试着这么做：把您的手搭在男孩的肩头，或抚摸男孩的胳膊，然后告诉他您想要怎么样。这样和您单纯的说话的效果完全不同。此外，身体接触很重要，而且不仅仅是在边界设立时。如果您只在儿子触犯规则时才和他有身体接触的话，就会产生问题。

通过联结，您可以传达对男孩的认可和共情。设立边界本身也是一种珍视对方的表现，即便您让对方生气或限制了对方。在设立边界的过程中，您发出信号以表明自己对男孩感兴趣："对于我而言，你并不是可有可无的。"所以设立边界时不应再带有任何贬低性的附属物。说"停！"这是正确而重要的，如果说"停！你真讨厌！"就完全不适合了。这样的评价不仅否定了男孩，也否定了关系本身。您通过贬低男孩宣示了与他的隔离，这样一来，您就与他失去了联结。

在很多情况下，边界也是对自我珍视的一种表达方式，从这个意义上看，边界也很重要："我对于我自己而言也不是可有可无的——我不能被人肆意践踏，我不能让他人亵渎，我要保卫自己的边界并要求你也不要越过我的边界。"感知并接纳这条信息也是男孩需要学习的基本能力。

界限也是理解、共情、关怀和照顾的另一面。在当今这个物质泛滥的消费社会中，我们很难解释清这一点。很多人相信这种错误的认知：物质能满足一切需求。被物质惯坏了的男孩却让我们明白，这样做的反面才是正确的。愿望立马得到满足会让内心真正的渴望变得毫无价值。反过来，适度地让男孩失望并让他们学习等待比给他们提供过剩的产品更重要。提供过剩的产品通常是对缺失的爱的补偿，或者源于您自己隐隐的愧疚感。

男孩并不都能心怀感激地接纳他人设立的各种大小边界，设立边界会带来冲突。可这是有好处的！因为争执也是联结的一种形式。通过边界这一主题，家庭中处理冲突的能力得到发展。同时，您儿子的冲突处理能力也能得到提高。当涉及边界问题时，冲突不可避免。如果您明白，争论也是爱的表达时，您就会觉得它也没那么糟了。

男孩处理边界的能力并不只限于遵守规则，还在于打破规则。世界上有两种类型的规则：男孩需要并且必须遵守的规则，以及他们需要但可以打破的规则。男孩也会寻求自由与自主。按照别人的标准做事、总是听话、没有主见的男孩一点儿也没有吸引力，也没有创造力。打破边界也是一种对自我负责的健康发展，这么说并不是要给他们颁发横行霸道的许可证，而是要说明打破边界也属于男孩适应环境和与周围环境斗争的过程。

男孩如何体验和学习边界

如果界限对于关系很重要的话，我们就会问：男孩怎样才能体验到良好的、具有支持性的边界？我们不仅要在特别危险或紧急的情况下立马设立边界，还要在日常生活中的小事中设立边界。同很多大家熟悉的事物一样，体验并认可界限与文化和人的基本态度有关。

男孩可以这样体验和学习界限，比如：

- 通过身体接触以及亲近。这点对于年龄小的男孩而言尤为重要，比如抚摸、接触、拥抱、按摩等。处于叛逆期的男孩有时像完全变了一个人似的，这时您也可以抱紧他，直到他重新做回自己。就算男孩子长大了，保持身体接触也是有意义的。因为身体接触时，人们能体验到一条保持着联结的界限。

- 通过安全感和信任。比如男孩能感到自己是被人看重的，自己可以信任他人——首先能信任父母，因为父母能够遵守约定并且是可靠的，父母保护并站在他的角度为他做决定。

- 通过父母及其他成年人在他们身上花的时间、对他们的关注和亲近。他们花时间陪男孩，感知他，真正地倾听他说话，并且让他知道他们爱他。

- 通过对男孩的尊重。首先要尊重男孩，这样您才有资格，也有可能期待男孩能够尊重您！如果您在与男孩打交道时能充满尊重，那么他就能感受到自己是被人认可、被人关注的。这包括让规则透明化、倾听他对界限的抗议。对于年龄大一点儿的男孩，比如从青春期早期开始，设立规则和界限时最好能够与他协商，共同制定，而不是由父母直接下旨。在约定之前也应当和他共同讨论。

- 通过日常生活中的联结和日常行为。这里也和吃饭是否按点儿有关——虽然不要求必须准时准点，但至少让人觉得可以期待。这里的关键是在一起的时间：一起吃早饭，一起进正餐。联结也是需要完成的任务，男孩也需要参与完成。

- 通过信任。当男孩被人相信时，他们就会感到：我能完成；我能忍耐这些；我不会被（无边的压力）压垮，我能够应对这些挑战。通过他人对他诚实度和可靠度的信赖，男孩能够感受到有边界的力量。

- 通过提醒现行的和新的边界与规则，即重申规则。另外，要求遵守规则也能同样起到强调规则的作用。

- 通过拒绝与不满足愿望。拒绝男孩的愿望，特别是从商品购买东西的愿望能够帮助他认识到，并不是每一个愿望都能得到满足，并不是每个突然出现的愿望都必须马上得到满足。这也能帮助他学习到，真正长远的愿望经得起时间的考验。不满足愿望，说"不"也是一种爱的表现。另外，因为过意不去或感到愧疚而答应男孩的要求则是有问题的，那是在溺爱孩子！

- 通过直接的反馈，对他的行为进行积极或消极评价。这样男孩才能体验到反馈与界限。这样的反馈包含感受、行为和愿望三部分，比如："你能靠自己的能力完成作业，这真的让我很高兴；我真的为你感到骄傲，请今后继续！""你把你的脏运动鞋塞到了鞋柜里，这让我很生气。我希望鞋柜和鞋子都保持干净，请现在把它们都擦干净。"

- 通过支持完成任务。如果男孩不喜欢的任务像一座翻不过的大山一样拦在他面前，他就需要有人帮助他对事物进行梳理。请您帮助他分解这座大山：学10分钟数学，之后再学半小时词汇，然后再用10分钟快速收拾一下——然后就可以玩了。一开始请陪着他，提醒他时间和约定，这样您的儿子才能成长。

- 通过好的、有规则的仪式。比如用餐礼仪：大家都坐上桌才能开动，吃饭时既不可以看书也不能开电视机。又比如睡前仪式，读睡前故事，简单地聊聊这一天，或者一起唱歌或祈祷（如果您或者您的儿子喜欢的话），关上灯，睡觉。还有问候的仪式，这也不是人天生就会的：您或者儿子回家以后，至少要打个招呼，如果有人要离开家也应该道别。另外还有特殊日子里的仪式，如除夕夜、度假时间、各种传统节日。它们都能给男孩提供支持，并帮助他们捋清规则，形成边界。这样就相当于为他提供了一片沃土，方便界限生长。

以对男孩有益为出发点设立边界

如果您的男孩想要或不想要什么时，他也有权力划定自己的边界。您的儿子尝试设立边界的第一个活跃期是叛逆期。因为在这一时期，他还不知道自己真正想要什么，所以这时的男孩常常陷入无助的情境之中，进退维谷。此时，您不必和他一起困惑，应向他展示他有哪些选择："你想要这个还是那个？"

有些男孩能够很好地感知并表达他喜欢什么、不喜欢什么，另外一些男孩则很难做到这一点。如果您的男孩属于后者，那么请您支持并鼓励他设立自己的边界。他不需要去牺牲自己的躯体感受去讨好任何人、任何事，哪怕代价只是很小的不舒服。拒绝他人是一项重要的边界能力，不管是男孩还是女孩都不是一生下来就具备这样的能力的。您得要求男孩在想要或不想要什么时，表达自己的观点。如果他有不确定的想法的话，可以慢慢思考，直到他弄明白为止。男孩处理界限的能力最主要还是取决于您如何应对界限这一主题。最后还有一点很关键：男孩是否相信他真正有权对父母或其他成年人说不，或者他们得到的这种权力是否只是一种假象。如果您认真对待自己对于边界的愿望,那么您的男孩也能照做。

您设立边界时的动机可能会有微妙的差异。特别是当您有些焦虑的时候,请一定要注意这条原则:设立边界要出于爱,而不是出于焦虑。如果您出于爱而设立边界,您会问:"哪种边界对男孩有利?"如果您因为焦虑而设立边界,那么您就会想:"哪些边界对我有利,哪些边界会让我不那么焦虑?"您因为焦虑而设立的边界不一定是对您儿子最有利的边界。

只要您还在担忧儿子的安全,您就有权告诉他这一点。您的绝大多数焦虑与担忧都可能会造成男孩的困扰。但请您一定要记住,这些都是属于您自己的。

案例:夏夜,您的儿子想和朋友在外面玩到半夜。您非常担心会出点儿什么事情:他们可能会被车撞;他可能会从大一点儿的男孩手上得到酒,把自己灌醉;他们骑的自行车上可能没有任何照明措施等。所以对于您的焦虑而言,最好是天一暗他就回家。但对于男孩而言,他最好能够一直玩到天黑,不过他仍然应该最晚十点半就到家,要不然睡眠时间就不够了。

那么,成年人是怎么标记并表达重要的边界的呢?对很多男孩而言,关键不在于优美的描述、道义上的教导或对关系的讨论,关键在于清晰、明确的表达。我们需要下达他们能够理解的指令,并且帮助他们学习规则、接受界限:"我希望你现在马上开始整理房间"(而不是"马上整理你的房间"),"我和你刚刚约定好了,你也说了要遵守约定。我们说好,你四点之前得把这里收拾好。可是现在已经四点半了。这让我很生气,这种情况我不想再看到一次!"

什么情况下设立边界刻不容缓

随着男孩年龄的增长,设立边界时保持透明显得越来越重要。男孩再也不会想也不想地就按照父母、哥哥姐姐或其他成年人的要求做事。他们会问:"为什么有这些规则?谁设立的这些边界?为什么现在偏得遵守这些规则?"请您不要把这些提问理解为对您主权的挑衅。质疑规则与进行争论也是与人接触的一种方式。在接触过程中设立的界限都应该是有原因的。当您的男孩年纪还小时,您没有必要总是解释这些原因——但您必须有能力对其作出解释。

一般来说,有三种原因使我们不得不设立边界:

● 如果您的男孩自己在发育过程中遇到了危险或有可能受到伤害时,必须设立界限。在他需要成年人的支持与保护的地方就需要界限,特别是威胁到他身体健康的地方,如不合理的饮食、睡眠不足、缺乏社交与友谊或者因为沉迷虚拟世界而丧失了与真实世界的联结。

● 还有一种情况也需要界限。那就是社交过程中需要界限的时候:如果没有外界的规范,关系已经无法自我调节的时候;人与人之间的关系受到威胁的时候,比如当男孩为了提升自己而贬低他人的时候、当男孩嘲笑他人取乐的时候、当他们拒绝同情与支持他人的时候、当他们缺乏对他人基本的尊重的时候、当他们越过他人界限的时候、当他们无视他人财产所有权的时候。

● 当他人受伤或可能受伤时，当他人成为受害者，特别是当男孩使用暴力的时候，我们必须设立边界。这时起决定性作用的是边界的清晰性。施暴的男孩很容易把道德规劝（站在施暴人的角度考虑）和友善理解为软弱。当下最重要的是及时制止暴力的产生：在刚刚对个人或社会团体产生敌意的时候就出手。面对暴力，正面、清晰、不妥协地设立边界显得至关重要。

为男孩设立边界的常见误区

很多父母都觉得设立边界并要求他人不越界很困难。其中的一个原因是人们基本教育理念的转变。以前比较严格、专治的教育方式更为常见，而现在大家认为更理想的方式是合作式养育。这种养育方式当然很好。如今的父母，是第一代靠这种理念养大的人。但他们的父母身上还保留了很多过去教育方式的残余，所以他们的父母用的是明确指令与开放的态度混合的模式。当下的趋势是合作式养育，特别是对于年纪还小的孩子，现在很多家长已经不知道什么是好的、健康的"专制"，所以他们很难正确地把它呈现出来。

设立边界对于那些自己有稳定的内心结构、目标和界限的人来说更加容易。如果您在这方面并不算强大，甚至有些混乱的话，您可能会觉得给儿子设立边界有困难。因为每次设立边界您都会遇到自己的发展问题！不过您也可以因为有个儿子而窃喜：他需要界限，因为您与他建立并保持了联结，所以他能够帮助您继续发展这种能力。

面对男孩性别时的不安感也让边界的设立变得比较困难。一方面您必须设立规则，不然的话他今后会变得强势、以自我为中心、自大甚至成为施暴者。同时他们也必须能够捍卫自己，他们必须足够强大，有足够的力量，成为真正的男人。特别是母亲，她更容易一方面享受并欣赏这个小男孩的男子气概，宠溺他们；另一方面又担心他们有一天翅膀硬了，不服管了。所以在宠溺过后，母亲又常常对男孩进行严厉的、隔离式的、贬低式的数落。您在男孩面前的不安与不明确使得设立界限更加困难。

把设立界限的责任推到别人身上是错误的。有时家长想要在家里无原则地宠溺、娇惯男孩，不给他们提任何要求，却希望学校教会男孩组织纪律与规则。家长想自己做好人，然后派遣他人来完成困难的工作。可这样没有作用。男孩首先得从家里获得界限能力。不过，家长的不安与开放也是很好的特质，因为它们带来了改变的可能。这里有一项当今家长需要完成的任务：发展新技能，并看看如何从不安中发展出一条一致的、清晰的界限，好在男孩面前（有时也得在其他家长面前）使用。

有时候我们会在传统文化中看到一种极端越界的特殊动力。这种现象可见于过去的传统农耕时代，也可见于当今文化水平稍低的家庭，我们很容易在收入低的家庭中见到这种模式：出于对男孩男性身份过高的理想化想象，家长在男孩童年时期非常宠溺他。因此他发展出越界的行为，认为世界都应该满足他，而他渐渐发现自己和周围世界的冲突越来越大：不管是和学校、他人财产的冲突，还是在要求他人满足他逐渐膨胀的主权意识时遇到的冲突。在家庭中尝试设立边界失败以后，男孩通常都会受到狠狠的惩罚——家长会打他或通过其他用于身体的驯化形式或暴力体验来设立边界。这些东西混杂在一起，很容易让男孩不堪重负，并最终在暴力行动中爆发。

如何应对男孩的越界行为

惩罚威胁以及体验到的惩罚会让男孩感到焦虑，唤醒他们的攻击性，导致权力博弈，在他们的体验中，这就是挫败或输。试问，您想要一个在权力下瑟缩的懦夫还是想要一个有社交能力的男孩？所以请您少惩罚男孩一些。惩罚很容易让人想到报复，而实际上很多惩罚他人的人都在惩罚中悄悄加上了自己的攻击性。

男孩有时在现实生活中需要后果。但不是一开始就把后果搬出来，刚开始时还可以指正、指导、重申规则。但如果事态不断恶化，就必然会有后果。当我们提到后果的时候，大一点儿的男孩通常都能出人意料地理解并合作。要想达到目的，家长应该把后果与越界行为联系在一起，比如限制自由。如果您的儿子和小伙伴玩得太疯，所以没有收拾自己的房间，虽然后果需要大家协商，但两天不能和小伙伴玩这样的后果更合适，不许骑自行车或不能去游泳馆这样的后果则不太合适。

电子游戏及电子产品的使用

男孩几乎无法抗拒电子游戏和电视的诱惑力。很多男孩无法依靠自己的力量有效地限制自己的使用时间。只能由大人帮助其设立规则。这样一来就一定会和男孩产生冲突。请您形成自己的意见并在有机会时和其他家长探讨。您可能会发现，别的男孩在这方面有更大的自由，但也无需感到惊讶。

控制媒体接触会带来很多的麻烦，而如果男孩的房间里有电视机、游戏机或电脑的话，它们对男孩的长期诱惑力会越来越大。所以在（至少）16岁以前，这些东西都不能长期放在男孩的房间里。

负责任地使用这些东西也是男孩的一种能力，而这种能力常常被低估，所以大多得不到发展。所以关键是受控地使用电子媒体。男孩电子媒体的最大使用量有一个经验公式：

- 工作日（学期中）：年龄的两倍除以10（所以，对于14岁的男孩来说，所有电子媒体使用时间加起来最多2.8个小时，包括游戏机、电视、电脑、网络聊天等）。
- 周末、节假日或寒暑假可以稍微多一点，这时计算起来非常简单：年龄除以4（一个14岁的男孩周六、周天一天最多可以使用3.5个小时的电子媒体）。

为了让男孩学会规则和界限，我们必须不断重申这些规则和界限——甚至在很长一段时间里都得这样。请您想象一下孩子学用刀叉吃饭的时候，您得说多少遍"拿叉子，不要用手"；为了让他按照正确的语序说话，我们可能需要纠正他好几周并不断重复。重复也适用于规则这一类的事。

请注意，不要陷入臭名昭著的"如果你怎么样，就会怎么样"的情形。

因为这种"如果你怎么样,就会怎么样"的教育方法用在男孩身上时常常会出问题。因为这样一来,您就把自己的期望或想象同惩罚联系在了一起:"如果你不收拾房间的话,就不准看电视。""如果你再说一次这个词,我就再也不帮你了。"这很容易导致男孩钻空子、讨价还价或者想与大人较量。有的男孩会这么说或者想:"反正我无所谓,我就是不收拾!""我们等着瞧!"

首先,这种机制会给您自身带来麻烦,因为您背上了义务:您威胁了他。如果您要兑现的话——为了证明自己说话算话,您最好能兑现——您就必须按照威胁的话做。而您在情绪激动或愤怒时随口说的话可能太过了或者不合适。所以,请谨慎而克制地使用"如果你怎么样,就会怎么样"的方法。我们还有很多替代形式,比如把您的期望仅仅作为自己的期望来表达:"我希望你现在马上停止玩游戏!"在协商和规则问题上,首先借助重申的力量:"我们已经说好了,玩一小时游戏机,然后出门一小时。"要求履行义务:"既然我们已经约定好,那么我想要你遵守自己的约定。"重申并提醒未被遵守的约定比承担后果更让男孩厌烦。但请您想一想:这是学习的过程,必然需要时间。

有些时候,越界有毁灭性作用,能够让人受伤、痛苦。野蛮的游戏、未加控制的攻击、高涨的情绪和愤怒都很容易让人越界。对于这样的情形,补偿和以未来为导向的处理方法都比惩罚好太多:道歉或修复损伤。这样的修复对双方都很重要,因为它能够带来——通常都是象征意义上的——补偿。最好能够调动双方或多方一起完成这项修复工作。这样一来主动者(罪犯)和被动者(受害人)都能从中获益。和好之后,双方都感到轻松,事情又得到了澄清。

越界了怎么办

男孩想知道界限在哪里,界限是如何被保障的。所以他们会通过挑衅来进行试验。您如何反应才是正确的呢?

★ 请您私下友好地提醒男孩,他已经越界了。您要让他知道,您已经看见或注意到了,也可以通过表情(如皱眉、挑眉)或手势(食指)来传达。

★ 严肃地重申您所看到的东西,表达出您的异议。

★ 警告您的男孩,告诉他,他不应该这么做,重申规则。

★ 重复您的警告,态度坚决地强调它。

★ 要求您的男孩最终停止他的行为,并认识到问题。

★ 与他进行轻微的身体接触,比如触摸手或胳膊。

★ 紧紧地抓住他,从躯体上制止他的行为。如果遇到暴力、破坏性的或伤害性的(包括自我伤害性的)行为,请您充满爱意地抱紧他,直到他平静下来。

如果越界行为根植下来了怎么办?这时就需要家长注意了,他们必须对一切小事做出反应——越界的问题越大,家长做出反应时就必须越明确、越强调。在面对越界行为时,清晰、明确的陈述非常重要。

要是怎么做都没用了呢?如果任何约定都没有用,达成的协议男孩都不能遵守怎么办?对此,你们之前可能已经争执过了,比如房间需要有多整洁、需要帮大人做多少家务、需要履行什么义务。但假如说,事情真得变得很严重,并且一切设立边界的尝试对您的儿子都不起作用。这时,您可以从"非暴力不合作"的方法中学习。请您明确表示,您的需求也应有自己的一席之地。请您坐在男孩的床上或走进他的房间,说出您的需求、约定和期望。然后坐在那里,直到他做出反应。您可以带点儿什么东西去看,因为这可能需要等很长时间。在采取这些行动时,您可以充分发挥自己的创造性。

但这也并不总是有用。如果您对此感到怀疑或者为了防止自己最终绝望,您最好能够及时寻求支持和帮助。教育咨询就是一个很好的去处。在那里,人们了解类似的男孩问题并且知道父母需要什么。请您做儿子的榜样,认清自己的边界:具体到这里则是要去寻求帮助。

设立边界——不仅仅局限于家庭中

有一句非洲谚语是这么说的:"养育一个孩子需要集全村之力。"这句话很真实,特别是在涉及规则和界限问题时。我们现在这个高度个体化的社会中存在一项致命的缺陷,即成年人在公开场合对于男孩的问题介入太少。社会上盛行的态度是:"这和我没有关系。"很多人都觉得和自己无关,因为这些应该由家长、老师或政客操心。另外一些人则支支吾吾,避而不谈。特别是那些年纪比较大的攻击性很强的男孩,连大人都害怕自己可能控制不了他的攻击性,正面冲突反而会给自己带来伤害。结果就是:男孩觉得自己简直可以无法无天了。在男孩的眼里,践踏规则和越界行为就这么下意识地形成了。

总的来说，这对于男孩也是悲剧性的发展。越界的男孩很容易形成伟大妄想，他们觉得做什么都不犯法，他们什么都可以做。对于这种情况，每个成年人都逃不了干系。每次有人看到男孩在公开场合不遵守规则，比如乱扔垃圾、摔破瓶子、破坏公物、（不满18岁）抽烟、（不满16岁）喝酒，成年人应该对此做出反应。男孩太少听到这样的话："把它捡起来扔到垃圾筐里""把这些碎片弄到边上""你不能吸烟，你还没满18岁""你们现在做的事情不对"。如果没有这些界限，他们将无法走出自己的全能幻想与伟大幻想，回到现实的地面上。这对于很多男孩都是毁灭性的。

不管是在家中还是在公共场所，界限都是社会上不可或缺的东西。同样必不可少的是有边界的干预力量和能量。对成年人来说，这很可能会招来焦虑——自己很可能因此受到伤害，毕竟这样的情形并不少见，但基本上没有其他可以用来替代的方法。所以我们需要更多勇敢且有力量的父母或成年人，能够给男孩设立边界。

第8条：充分发现男孩的能力

男孩对周围的世界充满好奇，他们渴求知识，也希望自己是有能力的人。他们希望能够说出，并真切地感受到：我了解自己，我能做些事情。

因为没有一个男孩是全知全能的，所以他肯定有什么地方，让别人觉得不行或有问题。男孩想要告诉我们的是：请把注意力放在我已有的能力上！男孩在交谈的过程中非常优雅地向我们展示了他不知道的地方；他们虽然强调自己的能力，但却留下了典型的空格，并填入了一些不那么绝对化的词语："实际上""原则上""比较"。当我们询问他们性教育问题时，他们会回答："我实际上还是接受过良好的性教育的。"当我们谈论他的健康问题时，他们会说："我觉得自己比较健康！"当我们想了解他的朋友时，他说："原则上，我们互相非常了解。"他们想要传达的信息非常明确：首先是感知并接纳自己的能力，然后再说自己缺失的东西："我是有能力的，我没有任何问题；也许还有些什么东西，我可以学一学，从而进一步增强我的能力！"在这一基础上，男孩能够坦然接受补充和提高。这么看来，他们应该不会遇到什么麻烦才对。如果有人问男孩，他和他的第一任女朋友之间是不是也会出现问题，他会这么回答："我可能不会把它称为问题，那些都是人生体验。"这样一来，他就可以接着列出一长串大问题。

男孩为何如此看重自己的能力

为什么能力这么重要，原因可能还是出在男子气概上。睾酮刺激男孩追求地位，而地位是通过有能力坐稳位置来体现的。男性形象要求把人按照能力大小划分等级，从而将"男性"与"有能力"联系在了一起。所以我们就能理解，男孩为什么会把能力作为标杆——既可以用来要求自己，也可以作为自己对男性形象的期待。他们向成年人明确地表示，他们需要被看作是有能力的人。如果成年人的行为总是和男孩的期望相反，就怪不得男孩会出现过敏反应了。因此，在与男孩的相处中，请您留心感知男孩的能力——他能做什么，他学到了什么，他完成了什么，他了解什么或者擅长什么，在哪里有提高。这样一来，他就更愿意和人谈论自己还可以再进一步提升的地方。

如果您想要感知男孩的能力，您应该关注他做成的事情，而不是他搞砸了的事情——要不然这个问题就会充斥整个空间。当您在给男孩提建议时，也请注意强调积极的一面，也就是说强调他需要做的事情，强调您想要什么：

- 小心，让杯子站稳了（而不是"……别让它倒了"）！
- 控制好时间，准时上床睡觉！
- 骑车的时候要小心！

避免把男孩的能力与男子气概捆绑

男孩不想在自己或他人的眼中成为有问题的人，有问题或无能会威胁到他们的社会地位。被评价为无能，在男孩眼里就是一种贬低，他们的潜能会因此而中断发展，而这正是他想要避免发生的东西。而且，在性别两极化的模型中，知识和阐释也被当作是男性化的，提问、认真倾听和带有一点点可爱的傻气则是女性的专属。当然，这和现实几乎没有任何联系，但它却符合人们的性别观念。

想要有能力，这本身并没有什么不好，问题出在把它和男子气概捆绑在一起了（女性形象也和能力密不可分）。为了突显自己的男子气概，人们需要借助能力，把它作为工具；按照能力大小，又可以把人从"上"到"下"分为不同的等级：在男孩之间或者男女之间（两种情况下都按照这一原则：我更好／更有价值／更重要等，是因为我更有能力）。这既没有什么帮助，也不能促进关系的发展。

很可惜，这种把能力与男子气概捆绑在一起会带来很多副作用。有的男孩过分宣扬自己狭隘的思想，因为他们觉得这样能提升自己的地位。另外一些男孩只要能在任何细枝末节上展示自己的能力，就会觉得自己可谓是无所不能了。有的男孩特别喜欢强制性地在别人（特别是女孩）面前谈天说地，在这个过程中他们感觉自己非常男人。这是一种对社交的误解，因为这种行为一点儿也不男人，只会让那些被迫聆听的人感到厌烦。能力的这种副作用实际上是可以避免的：不要把男孩的能力夸上了天，而只是认可他们的能力。此外，好的榜样也有帮助，特别是父亲，当然也可以是其他男人；父母双方彼此看重也同样重要；最后，母亲和周围环境中的女性也应该稍微思考一下，她们是否有时抱着"女子无才便是德"的想法，装得傻傻的，好让男人显得聪明一些（如果有这样的情况，请立即停止！）。

当人们不再把能力和等级联系在一起了，就会更加放松：如果懂得什么或者会什么当然好，我们当然可以以此为傲，但我们并不能因此而高人一等！感知男孩的能力并将这样的感知反馈给男孩，这样的行为不会制造自大狂或自作聪明的人，而会塑造出一个个自信、脚踏实地、有判断力、有专长的男孩。

以积极的眼光看待男孩

在西方社会，人们对有问题、无能之处的关注远大于对长处、天赋和能力的关注。人们被教导要留心自己的错误以及他人的弱点，还得关注可以批判的、消极的地方并表达出来。人们很难去表扬、看重以及认可他人或自己。从社会学角度来看，这么做确实有优势。缺陷型的眼光激励人们奋进，让人不断努力提升自我——或者通过不断升级的占有欲与购买欲来补偿自己。可如今这种看问题的方法却导致了严重的个人、社会乃至全球问题。它已经过时了。

> 每当我想到那些男孩身上的消极目光，我就会想到一个故事。如果我们非要看消极的一面，就会像这个故事里的那个男人一样：海岸上站着一个男人和一条狗。他把一根棒子扔到海水里。狗飞奔出去，速度快得仿佛漂在水面上一样，它叼住棒子然后飞奔回来递给主人，连毛都没有湿。另一个男人看到了这一奇迹，不屑一顾地对狗主人说："您的狗连游泳都不会。"

当今人们在看待男孩时又开始流行使用这种消极的态度了。因为现在对男孩的批判目光真的很容易诱导人首先看到他们有困难、有问题的地方——男孩身份的消极面：男孩身上的问题（"可怜的男孩"）以及男孩给他人造成的问题（"坏家伙"）。当然这两种情况都存在，我们并不是要掩盖这两种现象的存在。只是当我们只看到这些方面时，我们对男孩的看法是受限的。同样不全面的还有对男孩的感知以及关于他们的讨论。他们的积极面、他们的能力、他们的自我发展以及男孩身上生动、有创造力、强大或优秀的东西很少被人感知到，或者被人理所当然地忽视了；或者人们不把这些好品质与男孩的"男孩属性"联系在一起，而是把它看作他的个人特质："男孩总是捣乱，但塞巴斯蒂安却很配合。"

社会上关于性别的讨论使得人们把目光聚焦在问题上，这样一来，我们就更容易注意到他身上可以批判的地方了。如果我们察觉到他们的问题，并且正好还很生气的话，我们就会反射性地用感知到的片面的东西来概括整个人："你太懒（或者不靠谱、贪图安逸、吵闹、不尊重人）！""你什么都不懂！""你总是挂着一副男权主义的脸！"……在这类情况下您似乎有充足的理由生气。可是，如果您仅仅是因为感知到了这些问题和自己当下愤怒的情绪，就给男孩定了性并且还告诉他，这样做就不合适了。

> 您的儿子很晚才回家。您不知道原因，但您很生气，之前您也担忧了很长时间。您随口说了一句给他定性的话："你真不靠谱！"
> 但事实其实是这样的：他刚准备走，一个当前对他而言非常重要的女孩出现了，他已经爱上了她。您的儿子内心出现了巨大的冲突，所以改变了做事的优先级。他这次实际上走得也很早——为了不让父母生气，但他仍然稍微多待了一会儿，为了能够看看这位姑娘。他是否真的整个人都一点儿不靠谱？

批判性的眼光容易误导人，因为我们会以所看到的东西为标尺。想要挑毛病的话，哪里都能挑出毛病。男孩们却根本不喜欢这种看问题的方式。他们想要得到对于自身能力的反馈，但这个愿望得不到满足。他们觉得自己的男性形象遭到了贬低。养育男孩的过程中，消极的眼光是多余的。所以您需要有意识地主动改变自己长期的消极看问题的态度。好消息是，只要稍加练习，就能很容易做到：请感知男孩的能力！

发现孩子的能力并且积极评价它

如果您训练自己客观地看待问题，您就能够秉持开放的态度，感知您儿子的能力：您的儿子"会"什么？他知道什么，看透了什么，明白了什么？他的强项是什么？此时，您应当尽量把自己的评价抛在一边并滤除道德上的渲染："那好吧，他会这个，但谁不会？""他在这方面有才华是没错，但我其实根本不需要这样的才华。""他是可以表达自己的愿望，但他最好还是听我的话！"诸如此类，不胜枚举。这些评论破坏了对男孩能力的感知，也贬低了男孩的能力。

本来如果您能感知到男孩能力和技能的提升就很不错了，现在还需要您能够告诉男孩："你做得很棒！""你确实很懂行！"您也可以做积极的评价："我喜欢你给小朋友们讲解时的样子，他们都在很专心地听。"在告知男孩您对他的认可时，并不是要您谄媚地见什么表扬什么。您的男孩并不需要过度的表扬。表扬时适度、脚踏实地很重要。当看到9岁的儿子能把自己的名字写正确时，您不需要欢呼雀跃；而如果一个5岁的小孩能做到这一点的话，您确实可以为此而高兴一阵子。

通过告知男孩您感知到了他的能力，男孩能够感受到您的自豪，同时他自己也能感到自豪。在他的自豪中蕴含着强大的自我发展动力。"既然你已经能把这件事做好,那么你一定也能把那件事做好!"如果您发现他什么地方还可以再提高,请指出来,并告诉他应该如何提高。请留心观察:他有什么强项可以让您支持,他还可以把哪些地方变成自己的强项或进一步提升。您的出发点非常简单:"好的地方多一点!"这里并不是只看冰冷的成绩。不管是在感知还是在告知男孩能力时您都需要带上共情。

能力很容易让人联想到成熟和理智,而这些在男孩身上确实没那么多。对于年纪还小的男孩,我们不应该过多地要求理智,他们的能力表现在其他地方,恰恰表现在不理智的地方:捣乱、胡说、出于强烈的探索冲动把贵重的物品拆开,他们在这些方面具备的能力远远超过他们讲漂亮话的能力。他们没有太多理智,如果还有同龄人一起玩的话,他们可能连一丁点儿理智都没有。这其中当然也蕴含着能力:对新事物的兴趣、冒险精神、解决问题、突破精神、自由和发展。这些对于男孩来说都很好,但对于家长而言却常常是个麻烦。但它们仍然属于能力!

您的优势在于您的位置。因为在这些能力面前您首先是家长,这意味着您在关键的地方可以进行明确指引。对于叛逆期的儿童,您还可以偶尔不理会他的行为,这样通常效果都不错。对青春期的孩子却不能这么做,要不然怎么能叫青春期呢?这时您可以检验儿子谈判的能力,并且在他说得有道理的时候,做好和他谈判的准备。有些边界是灵活的,而有些则是固定的(参见第六章第7条),对于灵活的边界,我们是可以探讨的。在同男孩的能力角力的过程中,您可能经常感到无计可施,但这一点儿也不奇怪。相反，请为此感到高兴，因为您可以为自己和儿子感到骄傲了。并且过不了多久，您的儿子甚至有可能会告诉您，您在做家长时有哪些地方做得特别好。

第 9 条：给男孩布置任务

任务对男孩的意义

男孩需要爱，他们需要能够自由做自己的时间。在这段时间里，他们可以放松、四处游荡、奔跑，他们可以想怎么玩就怎么玩。要玩就好好玩，要享受就好好享受，就这样没错。然而男孩还是需要任务。"任务"这个词中包含了一层由他人决定的意思，是别人加在男孩身上的，但其中也有给予的意味：获得一项任务也是得到一份礼物。可男孩却不这么看，恰恰相反，他们觉得很多任务都很烦人或很累人。即便如此，当任务完成时，他们还是会感到骄傲。这是一种很好的感觉，但是他们首先需要从一开始就通过体验一步一步地慢慢进入这一状态。

给男孩布置的任务既不能随意，也不能过于休闲、娱乐化。当我们布置任务时，我们期待他们能够完成。所以任务是和不乐意联系在一起的。如何看待任务，这是一个态度问题，也是一个心理发展的主题：男孩需要一定的成熟度和人生阅历才能愿意接受任务，满足他人的期望，做必要的忍耐或认识到任务对今后的好处。对于男孩而言，完成任务的目的可能只是为了让布置任务的人满意，让这些人感到骄傲。此外，完成一项任务的喜悦对男孩来说也算是一种收益。

任务是一种认真对待、充满尊重的相处形式，它们不应该包含贬低或惩罚。当您给男孩布置任务时，您向他传递了重要的信息：

- 我把你当回事儿。

- 你能办到这件事！

- 你是我们中的一员。

- 我一个人完不成，我需要你来一起完成。

我们没法逼任何一个男孩完成某项任务，最终还是要他自己决定是否完成这项任务。但他是出于什么动机做出了这项决定呢？
- 害怕受到惩罚可以促成他做这一决定（但这样并不好：通过剥夺爱来惩罚）。
- 如果他能在观察与理性思考的基础上做出这样的决定就会更好。
- 最好的情况是，男孩出于共情、关怀与爱，下决心完成某项任务。请您试着在这个层面上给男孩布置任务。不要使用"如果不完成就怎样"的组合（"如果你不整理自己的房间，你就不能看电视！"）。

男孩通过任务学习为自己或他人负责，为社会做出贡献。这涵盖的范围很广：从购物到环保行动，比如承担照料某种植物或动物的责任，照顾某个低年级学生，照料宠物，遛狗，及时把饮料从地下室搬上来，晒衣服、收衣服、叠衣服、做饭、把碗放进洗碗机或拿出来、购物、自己整理床铺、擦洗浴缸、拜访爷爷并给他读故事、陪邻居购物、和姥姥散步。

什么是高质量的任务

一般来说，给男孩布置的任务要满足下面两个条件：

- 和现实有关，是真正的、实际的任务。这首先和男孩在学校的经历不同。在学校里，他们做的任务都是表面功夫和为遥远的将来而不得不做的讨厌的练习，是那些不知道什么时候才用得上的技能，甚至可能根本永远用不上。也就是说，那是假任务。一项好的任务能把未来和当下有机地结合起来，甚至还可以是有趣的。

- 任务是要求，是挑战。它对人有要求，所以并不总是那么美好，恰恰相反，在任务开始之前，得先处理"不情愿"这一障碍。一旦他们完成了这一挑战，他们就会感到满意与自豪。

很多男孩把完成任务和男子气概联系在一起。所以男孩很喜欢玩做任务的角色扮演游戏：侦探破获复杂的案件、解救囚徒、探索未知领域等。男孩通过接受任务形成自己的男子气概，接受了任务的男孩觉得自己和男子气概更加接近、感觉自己更男人。有时候，完成任务需要动力。

在文化的影响下，男性任务更多发生在外界，即家庭以外。这样一来，各种任务很容易就会出现等级区分：外界的任务"更好""更重要"。这种价值观是隐含的，并不只有男孩和男人这么看。但这些都是传统男性形象的糟粕。如果男性榜样，特别是父亲也能够接受关怀他人的任务或承担家务劳动，那么这种古老过时的模式就会被打破。为了提升男孩自我照料的能力和生存能力，我们需要给他布置多种多样的任务；他应该既能处理家事又能到外界打拼——做这些任务都"很男人"，因为它们都是任务。

把任务和男性身份联系在一起，原则上并没有什么问题，只要不因为这种观点而贬低他人，或者任务分配时不带有性别歧视就行：并没有哪些任务更适合男孩、更不适合女孩；反过来，当然也没有更适合女孩、更不适合男孩的任务。个人偏好肯定是存在的，然而我们却不希望按照性别来分配任务。不让性别分工固定不变，保证不受性别的羁绊则是成年人的任务。

男孩的任务并不只来源于外界。男孩自己也会不断给自己布置任务，从而感受自己的男子气概。我们只要看一看小男孩完成在沙坑里挖洞的任务以后有多兴奋、多激动就知道了。

如何让男孩更愿意完成任务

对于那些长期委派给男孩的任务，他们需要（也必须）规律地完成，比如每周三下午擦洗洗脸池，或者每周六扫走廊或者楼梯。新的任务会慢慢变得越来越理所当然。如果一开始男孩觉得把饮料从地下室拿出来很麻烦、很讨厌，随着时间的流逝，他会觉得这样做越来越理所当然。规律性和合理性会让一件事最终变成某种仪式，比如每周六下午一起打扫，然后再一起喝茶、吃美味的蛋糕。

我们可能会期待男孩马上完成任务，但这常常和男孩自己的安排不符。因为您给他布置了一项任务，就期待他马上放下手头上的一切事物，这是对他的不尊重。事先告知任务可以让男孩在时间规划上有更多的自由，他也更容易完成任务："我还有 5 分钟就做好饭了，你要帮忙摆桌子，我做好饭了就叫你，但那时你马上就要过来，好吗？"如果您事先已经告知他了，到时候您就可以要求他马上去做。您和他之间有联结，您尊重他的游戏也尊重他手头上对他而言很重要的事物——不管是什么。

年纪小的男孩还不能很好地配合，您在给他们布置任务时需要做到清晰、明确："我们现在开始收拾！"这不是说让您把他指挥得团团转，我们不需要权力欺压。如果需要完成什么任务，明确而清晰的指令对他才有作用。稍微大一点儿的男孩会更理智、更有男子气概、要求更高也更固执。他的成长与个头也会改变您与他之间的关系。他们在迈向青春期的过程中会变得越来越像一个与您平等的伙伴。在这里"变得"和"越来越"指的是：他还不是，但他得有机会朝着这一方向发展。他们位置的改变要求我们将沟通方式变得更加优雅。

重大的人生任务

除了工作，"任务"这一主题还包括其他方面，这里更多地是指男孩当前需要处理或完成的人生任务。其中包括：

- **男性人格的发展**，即个体成熟的过程和相关发展任务，如与家长之间的关系、在家庭三角中的位置；个体人格和语言能力的发育；以及对攻击性、幻想或性的教育。

• **成为社会主体**，如达到某一运动目标；和某位麻烦的女老师相处；学习如何利用自己的时间；交朋友或加入某个小群体。或者适应变化，如从每天和家人待在一起到去幼儿园、从幼儿园到小学、从规律的上课生活到放假、再从放假到规律地上课、今后升学等。

• 他们还可能**遇到某些人生的重大事件**，这也是他们需要处理的任务：弟弟或妹妹出生，周围亲近的人去世，搬家，父母分开，个人遭遇到较大打击，暴力或霸凌体验。这些都是不能马上或顺便处理好的事，很多男孩会在这些问题上纠结比较长的时间，有的甚至花上一生的时间。当男孩遇到这些主题时，他们在其他"具体"任务中的经验就会显得非常重要，他最终还是成功跨越了那些一开始看上去不可能逾越的鸿沟。

只要您能看到这些重大的任务并把它们放在心上，您就能帮助男孩应对并最终完成它们。您并不需要随时随地和他谈论这些主题，也不需要围着这些"团团转"。如果您感知到什么，或者您的儿子告诉了您什么相关信息，您最好能够充满共情地回应："嗯，你刚刚和爸爸闹了矛盾吗，怎么回事儿？""你感到很失望，因为马克思从来不主动打电话。"请抓住主题，哪怕男孩现在想要回避这些问题，您需要思考（也许可以和男孩一起）他当下最重要的任务是什么、他现在最主要的主题是什么。

每一个主题、每一个任务都有可能决定男孩今后的命运。同时，处理这些事务也是您自己的人生主题。您的这个男孩，是上天赐予您的礼物：您觉得他在您的生活中有什么使命呢？也许是给您的生活带来幸福与快乐？或者给您提供了一次机会，让您通过他更好地理解男子气概？或者是让您接受挑战，让您学会更加清晰地表达自己的观点？请寻找您自己的答案！

在生命的长河中，我们会不断面临各种人生任务。为什么我会来到这个世上？我的人生使命是什么？我们可以在当前的情形下作答，也可以在回顾人生时做总结。男孩很少直接提这些人生的大问题，但这些问题仍然很重要，特别是在青春期之前以及遇到危机时。如果幸运的话，男孩能找到某个能帮助他解答这些问题的环境。可惜这样的环境非常少见，连教堂也常常忽略引导男孩探索这些问题的答案。如果您发现了这些问题的苗头或者这些主题已经呈现在您面前了的话，请和男孩一起寻找他当下的任务、他的命运以及他的人生主题。

如何请求男孩的帮助

有些时候我们希望让男孩帮助我们完成某些任务。那么问题来了：您怎么动员男孩呢？要求或者更严重一点的命令在男孩眼里都是对他地位的贬低。他在听到任务的同时，还听到了这样的信息："我可以要求你做事，因为我比你高一级。"这不是他想要听到的，谁想要丢掉自己的地位？所以他就会努力地重新争取自己的地位，于是出现了权力博弈，而您处于不利位置。因为就算您能够取胜，之后您也通常会感到很糟糕或很生气。

何时需要权力博弈？

有时候我们需要进行权力博弈。您感到现在的问题好像是权力问题？那么请直面冲突并试着忍耐与他的正面交锋。在与处于叛逆期的幼童和处于青春期的孩子相处时,常常会出现这样的情况。然而出现在其他时段的权力博弈则通常提示存在某个更深层次的问题——缺乏认可和尊重,在这种情况下,短期内很难协商出一个结果,需要一段很长的时间来修复。

另外一种选择是:试着和您的儿子平等地交流。您不是长官,也不是他的上级或老板。您和他以伙伴的形式相处。所以命令式的态度并不合适。您有求于男孩,在请求的过程中您认可了他,您接纳了他的地位,也给了他决定的权力。对于请求,我们原则上既可以满足,也可以拒绝。

按照请求的形式和内容,我们可以将其分为不同的层级,或者像电脑游戏一样分为不同的关卡。这些关卡值得您去尝试、练习并试着通关。有可能您可以借此把您和儿子的关系提升到新的高度。

- **第一关——简短直接地表达请求**

您会怎么表达您的请求?请尽可能简短而直接。如果您"拐弯抹角"地询问,就难怪男孩会嗅到这背后隐含的要求和精心掩饰的道德压力。所以像这么问就不对了:"你今天放学后可以直接回家吗?""你能够把垃圾带下楼吗?"当然,他"可以"也"能够"——如果他有兴趣的话，他可能会考虑一下；或者他恰巧没什么别的事情可以做的话，那也可以试试。但这些问题听在男孩的耳朵里太不明确，太含糊，太开放了。那您应该怎么办呢？您有一个请求，您不需要为此找理由、找借口，所以请直接简洁明了、切中要害地说出来。

如果您请求他做什么，那么请这么说：

——请把饮料从地下室拿出来。

——请把洗碗机里的碗拿出来。

——请帮我把车里的东西卸下来。

如果这能奏效的话，您的儿子会接受您的请求，这样第一步就完成了。接下来第二步发生在事情完成之后——您适度地对此表示感谢。您表达出自己很高兴、自己有被支持的感觉以及如何被支持，此时这对您来说有多么重要，事情做完了您有多开心等。通过这样的表达，您可以维持和男孩的关系，您让他感到他已经是个大孩子了，或者已经是个可以让人依靠的年轻男人了。也许您还会为他感到骄傲，那也请把这个告诉他，同样要简短、直接、开诚布公地表述（而且不要太过于热情，不然的话会把他弄糊涂，甚至直接把他良好的感受弄没了）。

● 第二关——给他时间消化自己的不情愿

您的儿子并不总会开心而自豪地马上回答："好，我来做。"您的请求只有在极少的情况下才是和无条件的欢乐绑定在一起的（比如："你要不要拿上这 100 欧元去买台新游戏机？"）。大多数请求和任务都没什么趣味性，只会让人不情愿。有时男孩虽然接受了您的请求，但看上去并不愉快，反而显得不太情愿，这也是可以理解的，请不要太往心里去。他的不情愿并不是针对您，只是针对自己和这个任务。

他必须自己克服、消化自己的不情愿。他必须为此中断对他而言很重要的自由游荡，从自己的小世界里走出来，暂停自己手上有意思的事情——谁知道，当下这种舒适的感觉会不会一去不复返？

这里的一条大忌是，毫不尊重地马上打断他，比如通过批评或道德评判的方式："你这么不情愿，那我还不如自己一个人做！"因为这样一来，您实际上已经认定他的反应是针对您个人的了。克服不情愿、阻力和惯性也是我们需要完成的任务之一。顺便说一句，几乎每个优秀的英雄故事中都包含类似冲破重重险阻的情节，现在在您儿子身上上演的正是这样的情节（您现在也有幸体验到现场版）。此外，请您坦诚相待：您也是这么觉得的，您也想不做这些任务，您做的时候也很不情愿——经过多年的打磨或者出于理智和责任感，您现在已经察觉不到自己的不情愿了。所以，请允许他抱怨，允许他和自己争论两句，允许他不满意，但仍然坚持您的请求。

在理想的情况下，他愿意去面对——可能还会咒骂两句世界的不公——最终完成任务。他一开始很不愉快，但后来可能会慢慢放轻松。之后他会感到满意与自豪，他是一个有骑士精神的英雄，乐意做出这样的贡献，有人求他办事说明他还是有价值的。和上面所说的一样，这时您也需要表达谢意、您的认可或自豪——并且千万要记住：不能因为他没有马上同意就对他进行道德上的否定，不管这层意思是直接表达出来的还是潜藏在话语背后的。

您还记得汤姆·索亚不得不漆围栏的那一幕吗？他得到了一项艰巨的任务，心想这一整天肯定完蛋了。结果他成功地将自己的不满转化为让人神往的乐子，既展示了能力又巩固了地位：他请了一位能干的手工匠人来帮忙，然后召集了一群男孩来帮这位手工匠人做事作为报答。他绝妙地解决了自己不情愿做的事，堪称一门艺术！

● 第三关——应对男孩的拒绝

您表达了自己的请求，那么就有被男孩拒绝的可能。但这并不是让您感到苦恼的理由，也不是强加给他人负罪感的理由："什么？你拒绝了？我给你做饭，给你洗衣！"，等等。请忘记这些吧！如何应对男孩的拒绝，这里有两个参考版本：

版本一

您仍然坚持，因为您希望这项任务最终能被完成。那么请通过重复您的请求来表达：

——"你这么做的话，我会感到很高兴的。请你开始行动吧！"

——"这必须马上完成。请你开始行动吧！"

——"我需要你的帮助。请帮我把这些东西搬上去！"

在陈述请求时请尽量简短。也就是说，在感叹号之后马上打住，不要再加任何解释、任何辩白、任何劝说、任何道德胁迫！让请求成为最后的话语，在空气中回响。如果您的儿子此时进入了第一关（"好，我去做"）或者第二关（嘟嘟囔囔，但是还是做了），那么请顺着他的反应继续。

如果他拒绝了，那么请您像上面说的这样办（再来一遍版本一）：请重复您的请求（只是稍微加强语气）。如果他说明了自己拒绝的原因，那么请接住他的话题。在这一关里，您和他像在打乒乓球。请您简短回应他的答话，但千万不要陷入他纵欲的陷阱中，您可以通过提问来避免这一点。比如当他说："我没兴趣"，您可以回答："嗯，我也没兴趣。请你现在马上行动！"

您会发现自己回到之前的关卡了。这可能需要一点儿时间，但肯定能回去：您是一个有价值的人，所以您理应维护自己的请求，并且直到你们一起进入第一关或第二关。或者等着男孩给您提供另外一条路，比如在时间上推迟："我正在网上聊天，半小时后我就开始，好吗？"只要这个提议是可以接受的，那么问题就解决了。如果不能接受的话，就坚持自己的原则不动摇！

版本二

我们接受他人对我们愿望或请求的拒绝，也是尊重他人的表现。但这并不是要您永远把自己的要求排在男孩的要求后面。但有时您也需要接受，他就是不想按照您的请求去做——不管出于什么原因（他觉得很丢脸；他觉得自己遭到了威胁；他觉得自己正在做的事情更重要；他因为生您的气而故意惩罚您等）。您可以试着接受他的拒绝，而不是对着他劈头盖脸地一通批评教育。请尝试一下，看看会有什么结果。比如您可以说："请把你的房间收拾一下，好吗？"男孩回答："不。"然后您说："好吧""也行""算了吧"。

如果您平时不是这样的，那么您的男孩可能会问：出什么事儿了？然后他会发现他真的有决定权。这也是一项至关重要的体验。

有时候我们的要求根本不需要马上被满足，有时候可以晚一点儿再做，有时候，甚至连做与不做都没那么重要，紧急情况下也可以被忽略掉，比如浴缸两个星期不擦洗也还是可以忍受的。甚至，如果您自己亲自去做，也算是接受了男孩现在不想完成的做法。当他确认自己有选择自由之后，下一次便更有可能接受您的请求。如果这完全不奏效的话，那么您最好还是去试试版本一。

如果您的儿子拒绝了您的请求，那么选择权就又到了您的手上：您可以考虑考虑，如何处理这项任务。也许您也没兴趣去买面包，但面包一个也没有了。那么问题就变得比较严峻了：我们现在怎么办呢？饿肚子？烤华夫饼？吃饼干？准备接受儿子各种可能的提议吧。

必要时可以直接下命令

和男孩生活在一起就像和成年人生活在一起一样：有些事情真的很重要，或者只是对您而言很重要。男孩有时也需要明确的指令（或者换个更合适的词——命令，但这个词只能我们家长自己悄悄用），因为请求并不总是有用。请您尽量节制使用这一工具，千万不能把它作为权利工具或刁难的手段而滥用。平时请不要用这种方式和男孩交谈。

以下原则也适用于明确的指令：简洁明了、通俗易懂。比如："你今天不能再出去了！"，这样就够了，不要说"要不然的话……"，不要说"因为……"，不要做任何解释。或者也可以这样说："我已经受够了，星期六 18:00 之前你必须把自己的房间收拾好！"这里也不能再加任何解释，不要说"如果做不到的话，我就会……"，您期望的是他能完成。如果他完不成的话，您可以在星期六 18:01 再思考可以怎么办。如果您不确定的话，请把周六的时间预留出来，什么也别安排。

第 10 条：觉察男孩的主题并支持他

什么是男孩的主题

主题是男孩生活中的主线，男孩的生活围绕它展开。男孩身上会不断出现新的主题，有时候他们的主题鲜明、独立、明确，有时候只有细细品味才能发觉。我们可以把男孩正在处理的主题放到一个更大的框架里来看，就像音乐作品中的主题一样，虽然可能出现其他的声音，但在后面的某个位置，这一主题会重复出现。他的主题决定了他——不仅仅在当下，而是在一个更大的时间跨度内做什么，整个人忙于什么、着迷于什么。男孩的主题藏在日常生活之后，和他当下的兴趣或者短期内做的事情没有太大的关系，虽然这些通常都和他的主题有关系。男孩的主题是一些更深层次的问题。这些主题搅得男孩心烦意乱，却没有进入意识层面，所以男孩也没能对其进行反思。很多时候都是在重复了好几次之后或者等回过头看时才能发现。

男孩的本性与天赋也展示在了男孩的主题中。不同于当下的问题以及意识层面的兴趣，您很难在男孩的主题中支持他。如果他问"为什么"的话，您可以马上给出答案，但一个主题却需要被挖掘与阐明。

男孩每个年龄段都会遇到想要处理和必须处理的主题。第一个重要的主题是与母亲关系中的矛盾，第二个是和父亲之间的竞争，还有自己在家庭中的角色和位置。之后他可能遇到的问题有，是否应该接触其他男孩，如何以自己的方式接触他们，或者如何与同龄人相处。

在男孩人格发展的同时，他的人生主题会逐渐呈现，并反复重现：一个敏感或宽容的男孩遇到的主题和一个好斗的男孩遇到的主题完全不同，一个热衷于正义的男孩遇到的主题和一个喜欢混乱、四处找茬的男孩遇到的主题也完全不同。主题也可以以问题的形式呈现，男孩"作为男孩"必须回答这些问题："我如何让世界变得公正？我如何才能觉得舒服？我怎样才能花最少的力气成为成功且有男人味的男人？"有时，男孩也可能需要处理宗教或精神世界的主题："我的使命是什么？我的命运是什么？上帝是什么？"

当然，生活境遇以及生活事件也能制造主题。搬家或离别、生病与痊愈、生与死，这些变化都能引发主题。如果您在精神世界中有一定的建树，您可以问问您的儿子现在是否想把精神世界的什么问题拿到家庭中来讨论，或者单独和父亲或母亲讨论。

男孩各自的主题像调色盘中的颜色一样，各不相同：有的更加个体，有的更加普遍，有的带着鲜明的男性色彩。有些主题会不断受到男子气概形象的激发。这些核心的男孩主题有攻击性、暴力痴迷、性、职业、工作、对未来的焦虑——其中潜藏的问题是这和"男子气概"有什么关系？

男孩的主题

- 工作、职业：人生规划、理想职业、平衡职业与家庭、职业梦想、职业愿望、现实中的机遇。
- 身体：躯体体验、躯体反应，以及身体发育、成熟，青春期身体的变化。我的身体是如何"运作的"？我可以用自己的身体做什么？
- 性：男性的性是怎么回事儿？当下人们对性的道德要求与个人的欲望之间的张力、性能力主题——伟大幻想。
- 爱与关系：对关系的渴望与矛盾。我如何与他人建立联结？相爱或单相思、关系中的亲近或疏远主题。
- 攻击性／暴力：如何处理攻击性，暴力下的受害者、施暴者、威胁者、观察者。
- 伟大妄想：无力与权力、弱小与伟大、现实中的劣势、贬低体验、关于伟大与强大的幻想。
- 规则、边界：学规则、适应、自我发展、触犯规则、体验边界、学习或拒绝接纳、边界消失、捣乱。

- 自主权：在寻找下达命令的主人与发动叛乱之间徘徊、接纳和破坏主权。
- 时代：我属于哪一代，即寻找自己的时代。与上一代、下一代之间的划分，代际冲突。
- 自我呈现：做自我，在阻力之下保持自我。
- 矛盾：我应该还是不应该？小群体与最好的朋友、女朋友与小群体。
- 正常：正常作为标尺、成为正常人的压力。我们可以将男孩与我们自己区别开来吗？
- 死亡：死亡渴望、风险、临终体验、自杀、死亡回避/禁忌。

如何发现男孩的主题并支持他

正因为如此，您可以比较淡定地看待察觉他的主题这件事，您可以松一口气。这里需要的不是对事实的侦查工作，而是共情能力和您的第六感。请您观察男孩时尽量不要过于刻意。对您来说很重要的是那些您无意间发现的主题。当您和男孩之间有联结时，这些主题自己就冒出来了。您可以从关系中感受他的主题。

如果您在心里问自己："他现在正面临哪个主题？"那么就有两种可能性：您得出了正确答案，这很好。或者您看不出来是什么主题，这样也不糟糕。也许他的主题现在还没有完全发展成熟？或者还没有被呈现出来？或者他这段时间并没有遇到任何主题？对待男孩的主题时，您需要谨慎，所以这时不要去刨根问底。就算您发现了他的主题，您也没有必要让男孩知道。这只对您自己而言重要。

您应该作何反应、应该如何处理，这取决于男孩当下的主题具体是什么，但并不是所有的主题都需要与任何年龄段的男孩谈论。一般而言，只要您能够充满共情地看到他的主题，并且在允许的情况下减少对他的要求就够了。这有一点儿像成年人之间的相处：当我们得知某位女同事刚刚分手、非常痛苦时，我们和她相处时会更加温和、多些理解。

您可以通过两种方式帮助男孩处理他的主题：

- 一种方式是，您完全接纳他的主题——欢迎它，肯定它。此外，您还可以为此感到高兴，因为他正在处理这一主题，他会因此而成长。请您接纳他靠近、处理、适应自己主题的方式（对您而言，这可能是最困难的一部分）。如果这个主题很困难的话，请尽可能不要再给他增添负担。有时候如果您充满共情地告诉他您知道他的主题是什么，也能帮到他："你最近和朋友相处得不轻松，是吗？""你可能今后想当职业足球运动员""你现在根本不知道自己喜欢什么""你很想为一项好的事业奋斗！"。肯定这一主题并不总是那么容易的，特别是当您自己要为此负责或感到内疚时，比如当您给他选了一所幼儿园、学校时，结果却发现男孩在里面的日子过得很艰难。您的负罪感很容易让您根本不愿感知到这一主题。而且如果您自己正在处理这一主题时，您恐怕也不愿意承认您的儿子此时卡在同一件事上。这里，我们可以无缝衔接到第二种处理男孩主题的方式上。

- 您可以通过自己面对（您自己的）这一主题，从而支持男孩！因为男孩的主题总是会让我们联想到我们自己相应的主题，这其中潜藏了一次让我们自己发展的机会。当您面对某一主题时，您不得不继续发展它。特别是那些男孩常见的主题，如攻击性和性。那些在处理人生主题时触碰到自身攻击性的男孩，会求助于自己的情绪："我应该怎么处理？是否要压制我的攻击性？父母之间是如何处理争执的？"性这一主题也是一样的。一个正面临"我如何处理自己的身体欲望"主题的男孩沉迷于玩自己的"小鸡鸡"，这会触发您什么感受？羞耻和尴尬？愤怒和攻击性？这些都提示您，作为家长您很可能在这方面有什么困扰，需要得到进一步发展。如果您能够把男孩的主题摆在自己面前，您就不会成为阻止男孩发展自己主题的人，而是成为他良好的成年伙伴。

后记

和男孩一起生活，体验他原本的样子，看着他成长、成熟、长大，是一种莫大的乐趣。

和男孩一起生活当然也逃不开危机、问题和让人疲惫不堪的时期。当男孩被卡在什么地方时，我们要尽量体会他的感受；当他痛苦时，我们去安慰，并且最重要的是去观察，一个男孩、一个未成年的男孩如何走出这些深渊，如何绽放自己，如何一步步展示出自己的男性人格；或者和他们起冲突，被他们质疑；意外地获得他们的认可，或者忍耐他们的贬损。这些都带给父母不同寻常的体验，这些体验只有养育男孩的人才能体会到。

而这一切都将把人带向何方？您关于男孩的愿景和目标是什么？您的男孩今后应该成为一个什么样的人？也许您会说成为一个男人。但要成为一个什么样的男人呢？我们问"你今后想成为什么"这个问题时，通常期待的回答是某一职业。但这种观点是有局限性的，仿佛世界上唯一重要的事只有职业一样。职业当然很重要，但它真的重要到要成为唯一的目标吗？对于男孩而言，工作这一话题还会让他们联想到以物质富足为标志的成功。然后呢？如果这些达不到的话，又应该追求什么呢？男子气概引诱大家太过于看重外在目标，男孩很容易忽视那些真正重要的东西。

真正重要的是您的儿子将来要成为一个什么样的人。您的儿子应该成为幸福的人！这并不是老生常谈，而是一个您的儿子在今后的人生中可能会不断需要的祝福。脑科学研究、心理学研究和宗教研究有一个统一的发现：资产、地位或短期的快乐都不足以让人真正的幸福。想要成为幸福的人，更重要的是发展积极的品质、状态和情感。幸福的密码看上去似乎非常简单：有意识地、下定决心地为他人付出就能让我们感到幸福——陪伴他人，为他人做些什么，给他们传递快乐，为他们做贡献，让他人感到幸福。

在此基础上，我衷心祝愿您的儿子能够幸福，您也能和儿子幸福地相处。如果这本书能够为此做出一点儿贡献的话，我将感到万分荣幸。

莱因哈德·温特